AF532655

Anna Weißig

Lust auf Kohl

Für meine Eltern

Anna Weißig

LUST AUF KOHL

Sorten, Anbau, Ernte

Haupt Verlag

Anna Weißig ist studierte Landschaftsökologin und Gärtnerin aus Leidenschaft. Ihre Begeisterung gilt den Gärten, in denen auch im Winter noch frisches Gemüse geerntet werden kann. Ein besonderes Augenmerk legt sie in ihrem Garten dabei auf die zahlreichen und mannigfaltigen Blattkohlarten. Sie lebt in Greifswald, Deutschland.

1. Auflage: 2022

ISBN 978-3-258-08269-1

Umschlag, Gestaltung und Satz: pooldesign.ch
Lektorat: Agnes Przewozny, Grünes Lektorat, D-Berlin

Umschlagabbildungen
Vorne: Palmkohl 'Dazzling Blue'
Rücken: Romanesco
Hinten (im Uhrzeigersinn): Wirsing 'Eisenkopf', 'Dauerwirsing Langedijská', Spitzkohl 'Eersteling', Rotkohl 'Granat'

Wir verwenden FSC®-zertifiziertes Papier. FSC® sichert die Nutzung der Wälder gemäß sozialen, ökonomischen und ökologischen Kriterien.

Gedruckt in Deutschland

Diese Publikation ist in der Deutschen Nationalbibliografie verzeichnet. Mehr Informationen dazu finden Sie unter http://dnb.dnb.de.

Der Haupt Verlag wird vom Bundesamt für Kultur für die Jahre 2021–2024 unterstützt.

Wir verlegen mit Freude und großem Engagement unsere Bücher. Daher freuen wir uns immer über Anregungen zum Programm und schätzen Hinweise auf Fehler im Buch, sollten uns welche unterlaufen sein. Falls Sie regelmäßig Informationen über die aktuellen Titel im Bereich Natur & Garten erhalten möchten, folgen Sie uns über Social Media oder bleiben Sie via Newsletter auf dem neuesten Stand!

www.haupt.ch

Inhalt

Die Gattung *Brassica*, eine formenreiche Gemüsekultur 45

Kohl: *Brassica* in allen Formen

Die besonders formenreiche Gattung *Brassica*, wie die Gattung der Kohlarten wissenschaftlich genannt wird, gehört zu der Familie der Kreuzblütler (Brassicaceae).

In diesem Buch werden vier Arten dieser Gattung vorgestellt: *Brassica oleracea*, *Brassica napus*, *Brassica juncea* und *Brassica rapa*. Zu diesen Arten gehören viele, sehr wichtige Kulturpflanzen, deren Zuchtformen viele Sorten und eine große Variation des Erscheinungsbildes umfassen.

Dieses Buch soll das notwendige Wissen vermitteln, um ganzjährig Kohl im Garten anzubauen und zu ernten, Schädlinge zu erkennen, Kohl einzulagern, aber auch um Kohl selbst zu vermehren.

Kohl: von der Aussaat bis zum Anbau

Aussaat

Die verschiedenen Kopfkohlsorten, aber auch Blumenkohl und Kohlrabi, lassen sich je nach Aussaat- und Erntezeitraum in verschiedene Reifegruppen einteilen:

Frühsorten kann man von Februar bis Anfang März an frostfreien Orten mit Temperaturen über 10 Grad Celsius säen. Gepflanzt werden die Jungpflanzen bestenfalls in einem Minitunnel. Erntereif sind diese Kohlsorten dann von Mai bis Juni.

Sommersorten werden im März oder April gesät. Ab Mai werden die Jungpflanzen ins Freiland verpflanzt. Erntereif sind sie von Juli bis September.

Herbstsorten, späte Sorten sät man ebenfalls im März oder April. Die Herbstkohlsorten entwickeln sich langsam und sind von Oktober und in Abhängigkeit von der Sorte und den Temperaturen bis in den Dezember erntereif.
Die Herbstkohlsorten eignen sich besonders für die Einlagerung. Sie haben eine lange Entwicklungszeit, bilden feste Köpfe und haben besonders feste Blätter.
Die schnell wachsenden Frühsorten hingegen haben eine kurze Entwicklungszeit, weiche Blätter und lassen sich nur über kurze Zeiten lagern. Dafür können sie zumeist ganzjährig kultiviert oder als Vor- oder Nachkultur verwendet werden.

Zur Aussaat füllt man Anzuchtplatten oder Töpfe mit Erde. Spezielle Aussaaterde ist dafür nicht nötig. Vorgedüngte, normale Blumen- oder Gemüseerde oder eigene Komposterde erfüllen ihren Zweck oftmals sehr viel besser. Die Erde sollte in den kleinen Töpfchen gut angedrückt werden, damit auch nach dem ersten Gießen die Pflanzlöcher nicht nur noch halb voll sind. Nun wird in jedes Töpfchen mit einem Pikierstab oder Bleistift eine kleine Mulde gedrückt, in die je ein Samenkorn gelegt und mit Erde bedeckt wird.

Torffreie Erde

Bei der Wahl der Erde sollte man darauf achten, dass diese torffrei ist. Für den Abbau von Torf werden Moore entwässert und zerstört. Dadurch wird nicht nur das über Jahrhunderte gespeicherte Kohlendioxid wieder freigesetzt, sondern ein wichtiger Lebensraum für viele seltene Arten zerstört.

Da Kohl ein Dunkelkeimer ist, sollten die Samen mit ein bis zwei Zentimeter Erde bedeckt werden. Besonders bewährt hat sich die Anzucht der Jungpflanzen jeder Art in Saatplatten. Um die Saatplatten über lange Zeit nutzen zu können, bietet es sich an, solche aus Hartplastik zu verwenden (wie zum Beispiel die Saatplatten von QuickPot). Sie lassen sich gut reinigen und stapeln und halten bei pfleglichem Umgang mehrere Jahrzehnte.
Am Anfang mag es vielleicht mühsam erscheinen, in jedes kleine Pflanzloch der Saatplatten einzeln ein Samenkorn zu säen. Wenn man aber bedenkt, dass man die Pflanzen später nicht mehr vereinzeln muss, wird klar, dass man dadurch die Zeit an anderer Stelle wieder einspart. Ein weiterer Vorteil ist, dass man weniger Verlust an Jungpflanzen hat: Die Schäden beim Vereinzeln durch abgerissene Blätter und Wurzeln werden die meisten Gärtner kennen.
Wenn die Kohlpflanzen ihren Topf durchgewurzelt haben, ist es Zeit zum Umtopfen in größere Töpfe oder zum Auspflanzen ins Freiland.

Direktsaat im Freiland

Der Begriff Direktsaat stammt ursprünglich aus dem Ackerbau und beschreibt eine Aussaatmethode, bei der das Saatgut ohne eine vorherige Bodenbearbeitung in die Stoppeln der vorherigen Feldfrucht gesät wird. Beim Gärtnern bedeutet dies jedoch nur, dass keine Vorkultur/Voranzucht nötig ist, also die Samen direkt ins Beet gesät werden und die Jungpflanzen ohne Umtopfen und Auspflanzen direkt an Ort und Stelle wachsen.

Geschützte Aussaat: Vorkultur, Voranzucht

Die Samen werden in Saatplatten oder Töpfe gesät, dadurch hat man die Möglichkeit, die Jungpflanzen an geschützten Orten und geschützt vor Schädlingen aufwachsen zu lassen. Sät man im Frühjahr an wärmeren Orten, wie zum Beispiel in einem Gewächshaus, entwickeln sich die Jungpflanzen deutlich schneller als im Freiland. Dadurch haben die vorgezogenen Pflanzen einen Wachstumsvorsprung gegenüber den direkt gesäten Jungpflanzen, zumindest in der Jahreszeit, wo die Kälte das Wachstum beschränkt.

Indoor: Die Anzucht der Kohlpflanzen im Haus ist möglich, es müssen aber gute Bedingungen dafür vorherrschen. Bei zu wenig Licht und vor allem in Kombination mit zu hohen Temperaturen werden die Pflanzen lang, dünn, blass und zerbrechlich – sie vergeilen. Um die Lichtbedingungen zu verbessern, kann man spezielle Tageslichtlampen verwenden.

Gewächshaus: Die Anzucht im Gewächshaus ist optimal, denn besonders viel Licht und niedrige Temperaturen am Jahresanfang sind die beste Grundlage, um kräftige und kompakte Pflanzen

heranzuziehen. Gesät werden kann je nach klimatischen Bedingungen vor Ort von März bis Mitte Mai, wenn die Temperaturen im Gewächshaus nicht mehr unter 10 Grad Celsius fallen.

Vorgezogene Pflanzen, die ohne direktes Sonnenlicht aufgewachsen sind, weil sie zum Beispiel in einem Gewächshaus gesät wurden, müssen langsam an die stärkere UV-Strahlung gewöhnt werden. Dazu stellt man die Pflanzen anfangs mit gut gewässerten Wurzelballen in den Halbschatten, bevor man sie erst stundenweise und dann immer länger dem direkten Sonnenlicht aussetzt. Ein Sonnenbrand äußert sich durch braune, beige oder weiße Verfärbungen, die dadurch entstehen, dass die Sonne den Pflanzen die Feuchtigkeit entzieht. Dadurch, dass die Pflanzen im Gewächshaus an weniger UV-Strahlung gewöhnt sind, bilden sie eine dünnere Kutikula aus als Pflanzen im Freiland und sind daher nicht so gut gegen Verdunstung geschützt.
Prinzipiell sind Temperaturen von 1,9 Grad Celsius ausreichend, um das Saatgut der verschiedenen Kohlarten keimen zu lassen. Trotzdem sollte darauf geachtet werden, dass die Temperaturen nach der Aussaat nicht für längere Zeit unter 10 Grad Celsius fallen. Denn durch den Kältereiz kann eine verfrühte Blütenbildung ausgelöst werden. Das bedeutet, dass die Pflanzen schon im ersten Jahr schießen und blühen und nicht erst im zweiten Jahr.

Vernalisation

Kältereiz, der bei zweijährigen, überwinternden Pflanzen die Blütenbildung hervorruft.

Die optimale Keimtemperatur der verschiedenen Kohlarten liegt zwischen 15 und 20 Grad Celsius. Wie schnell die Samen keimen, ist abhängig von der Kohlart:

Art	**Keimdauer in Tagen**	**Temperatur in °C**
Blumenkohl	8–12	15–20
Brauner Senf	5–10	10–20
Brokkoli	8–12	15–20
Chinakohl	6–8	15–20
Grünkohl	5–10	10–20
Kohlrabi	6–12	15–20
Kohlrübe	10–12	15–18
Kopfkohl (Butterkohl, Rotkohl, Weißkohl, Wirsing)	5–10	15–20
Pak Choi	6–10	12–20
Palmkohl	6–12	10–20
Schnittkohl	8–15	10–20
Speiserübe	7–10	15–18
Zierkohl	5–10	10–20

Diese Werte sind grobe Richtwerte. Wie schnell oder langsam das Saatgut keimt, liegt auch daran, wie alt das Saatgut ist.

Bei niedrigen Temperaturen dauert es etwas länger, bis alle Pflanzen aufgelaufen sind. Wer seine Kohlpflanzen schon früh anziehen möchte, aber trotzdem Wert auf eine schnelle und gleichmäßige Keimung legt, kann dies durch die Verwendung von speziellen elektrischen Heizmatten erreichen.

Standortwahl und Pflege

Standortwahl

Viele Kohlarten gehören im Anbau im Garten zu den anspruchsvolleren Kulturen. Während vor allem die verschiedenen Blattkohlarten oder Kohlrabi leicht zu kultivieren sind, ist der Anbau von Kopfkohl oder Blumenkohl komplexer.

Alle Kohlarten gedeihen am besten auf sonnigen bis halbschattigen, kalkhaltigen, humus- und nährstoffreichen Standorten. Da Kohl zu den Tiefwurzlern gehört, ist es wichtig, dass der Boden außerdem tiefgründig ist. Besonders optimal für den Kohlanbau sind lehmhaltige Böden.

Ideal ist ein pH-Wert von 5,5–6,5. Ist der Boden saurer, kann man dem durch Kalkung entgegenwirken, was zusätzlich das Auftreten der Kohlhernie (siehe Seite 43) reduziert.

Kohl hat einen relativ hohen Wasserbedarf. Vor allem Blüten- und Kopfkohl brauchen während der Bildung der Kohlblumen und Kohlköpfe in der Hauptwachstumsphase ausreichend Wasser. Deshalb sollte der Boden konstant feucht gehalten werden. Kohl verträgt jedoch auch keine Staunässe, der Boden darf daher nicht permanent wassergesättigt sein.

Möchte man frostempfindlichere Blattkohlarten, wie Palmkohl- und Zierkohlsorten, überwintern oder möglichst weit in den Herbst hinein beernten, bietet es sich an, von Anfang an einen windgeschützten und besonders sonnigen Standort zu wählen.

Zierkohl, Blattsenf, kleinbleibende Pak Chois und Schnittkohl sind auch für die Bepflanzung von Kübeln, Töpfen und Balkonkästen sehr gut geeignet. Die Pflanzgefäße sollten mit einer nährstoffreichen Erde gefüllt sein und über eine gute Entwässerung verfügen. Eine Drainage aus Kies oder anderen Steinen im unteren Teil des Pflanzgefäßes reicht dafür vollkommen aus.

Ein Vorteil von in Töpfen gepflanzten Kohlpflanzen ist außerdem, dass man sie bei zu tiefen Temperaturen in geschützte Bereiche (zum Beispiel ins Gewächshaus) stellen kann und die Kohlpflanzen nicht gleich dem ersten Starkfrost zum Opfer fallen.

Düngung

Da die meisten Kohlarten Starkzehrer sind, ist während der Wachstumsperiode eine ausreichende Versorgung mit Nährstoffen und Wasser besonders wichtig.
Der Boden sollte altgedüngt sein, das heißt, dass schon im Herbst des Vorjahres die Beete mit abgelagertem Mist oder Kompost gedüngt werden sollten.
Während der Wachstumsphase sollte der hohe Nährstoffbedarf gedeckt werden, indem alle drei bis vier Wochen mit verdünnter Brennnesseljauche gedüngt wird.
Für die Herbstsorten, wie Grünkohl, Rosenkohl oder Lagerkohlsorten, die erst ab Oktober erntereif sind und auch im Herbst noch weiterwachsen, ist eine Nachdüngung zwischen August und September besonders wichtig. Für die Nachdüngung eignen sich Hornmehl (80 g/m²) oder Brennnesseljauche (im Verhältnis 1:10).
Durch überreiches Düngen oder durch die Düngung mit frischem Mist können vor allem die Kopfkohlarten übergroße Köpfe entwickeln. Die sogenannten «Mastkohlköpfe» sind von der geschmacklichen Qualität nicht so gut und können auch im Lager durch eine geringere Haltbarkeit nicht überzeugen.

Brennnesseljauche

Ein Kilogramm frische Brennnesseln mit zehn Litern Wasser in einem großen Bottich ansetzen. Die Brennnesseln müssen vollständig mit Wasser bedeckt sein. Das Gefäß sollte nur mit luftdurchlässigen Materialien abgedeckt werden. Der intensive Jauchegeruch kann durch die Zugabe von Gesteinsmehl gemindert werden. Nach zirka 14 Tagen, wenn keine Blasen mehr aufsteigen, kann die Jauche verdünnt vergossen werden. Verwendet wird die Jauche im Verhältnis 1:10 mit Wasser verdünnt.

Fruchtwechsel

Besonders wichtig beim Kohlanbau ist es, einen Fruchtwechsel zu beachten. Der Fruchtwechsel beschreibt die zeitliche Aufeinanderfolge der verschiedenen Kulturpflanzen auf einem Feld oder Beet über mehrere Jahre hinweg. Die Fruchtfolge beschreibt ebenfalls die zeitliche Aufeinanderfolge verschiedener Gemüsekulturen auf einer Anbaufläche, jedoch nur innerhalb eines Jahres.

Die Anwendung des Fruchtwechsels gehört nicht nur zur «guten landwirtschaftlichen Praxis» bei den Landwirten, sondern ist auch im Haus- und Kleingarten eine Voraussetzung für die Erhaltung der Bodenfruchtbarkeit. Mit einem an den Standort angepassten Fruchtwechsel wird nicht nur der Erschöpfung der Nährstoffe vorgebeugt, sondern auch der Schädlings- und Krankheitsdruck wird durch Anbaupausen bestimmter Gemüsekulturen reduziert. Bei der Planung des Fruchtwechsels sollte darauf geachtet werden, dass miteinander unverträgliche Kulturen durch längere Zeiträume voneinander getrennt werden.

Nachdem man in einem Beet Kohl gepflanzt hatte, sollte man mindestens drei bis vier Jahre, optimalerweise sogar fünf oder sechs Jahre warten, bis man auf demselben Beet erneut Kohl anpflanzt. Wenn die Kohlhernie aufgetreten ist, beträgt die Anbaupause sogar mindestens sieben Jahre. Da die Schädlinge und Krankheitserreger im Boden überdauern können, können diese ohne Einhaltung der Anbaupausen die Kohlpflanzen im folgenden Jahr befallen.

Gemüsekulturen werden nach ihrem Nährstoffbedarf in Stark-, Mittel- und Schwachzehrer unterteilt. Dabei gehören sämtliche Kohlkulturen zu den Starkzehrern, genau wie beispielsweise Gurken, Kürbisse und Kartoffeln. Zu den Mittelzehrern gehören zum Beispiel Zwiebeln, Möhren, Rote Bete und Salate. Schwachzehrer sind unter anderem Erbsen und Bohnen.

Für einen dreijährigen Fruchtwechsel werden die Beete den drei Nährstoffbedarfsgruppen Starkzehrer, Mittelzehrer und Schwachzehrer zugeteilt. Der Anbau der verschiedenen Kulturen rotiert jedes Jahr: Auf die Beete der Starkzehrer werden im nächsten Jahr die Mittelzehrer gepflanzt, auf die Beete der Mittelzehrer folgen die Schwachzehrer und auf die Beete der Schwachzehrer werden im nächsten Jahr, nach einer Aufwertung der Beete mit Kompost, getrocknetem Rinderdung und abgelagertem Mist, die Starkzehrer gepflanzt.

Wenn man für jede Nährstoffbedarfsgruppe mindestens zwei Beete oder Beet-Teile vorsieht, kann man auch mit einem dreijährigen Fruchtwechsel eine sechsjährige Anbaupause für die Kohlkulturen erreichen, da innerhalb einer Nährstoffbedarfsgruppe nach den drei Jahren das Beet gewechselt werden kann.

Besonders optimal ist eine vierjährige Fruchtfolge. Bei dieser kommt zusätzlich zu den drei Nährstoffbedarfsgruppen noch die Gründüngung im vierten Jahr hinzu. Auch bei der Verwendung von

Gründüngung sollte man darauf achten, dass man Kreuzblütlerarten, wie Ölrettich und Senf, nicht anbauen sollte, wenn andere Kohlkulturen in der Fruchtfolge vorkommen.

Gründüngung

Als Gründüngung bezeichnet man den Anbau von Pflanzen zur Bodenverbesserung. Gründüngungs-Kulturen mit tiefen Wurzeln lockern den Boden auf, Leguminosen führen ihm Stickstoff zu. Solche Pflanzen beschatten den Boden, schützen ihn vor Erosion und Auswaschung und unterdrücken zudem auch Beikräuter. Die Gründüngung wird nicht geerntet, sondern in den Boden eingearbeitet.

Die nicht winterharten Gründüngungspflanzen, wie Perser-Klee *(Trifolium resupinatum)*, Bienenfreund *(Phacelia tanacetifolia)*, Echter Buchweizen *(Fagopyrum esculentum)* oder Tatarischer Buchweizen *(Fagopyrum tataricum)*, frieren im Winter ab und schützen so den Boden. Im Frühjahr können die Überreste der Pflanzen vor der ersten Aussaat oder Pflanzung in den Boden eingearbeitet werden. Winterharte Arten, die als Gründüngung verwendet werden können, sind zum Beispiel Rot-Klee *(Trifolium pratense)* oder Weiß-Klee *(Trifolium repens)*. Sie werden am besten schon im Herbst im Beet untergegraben.

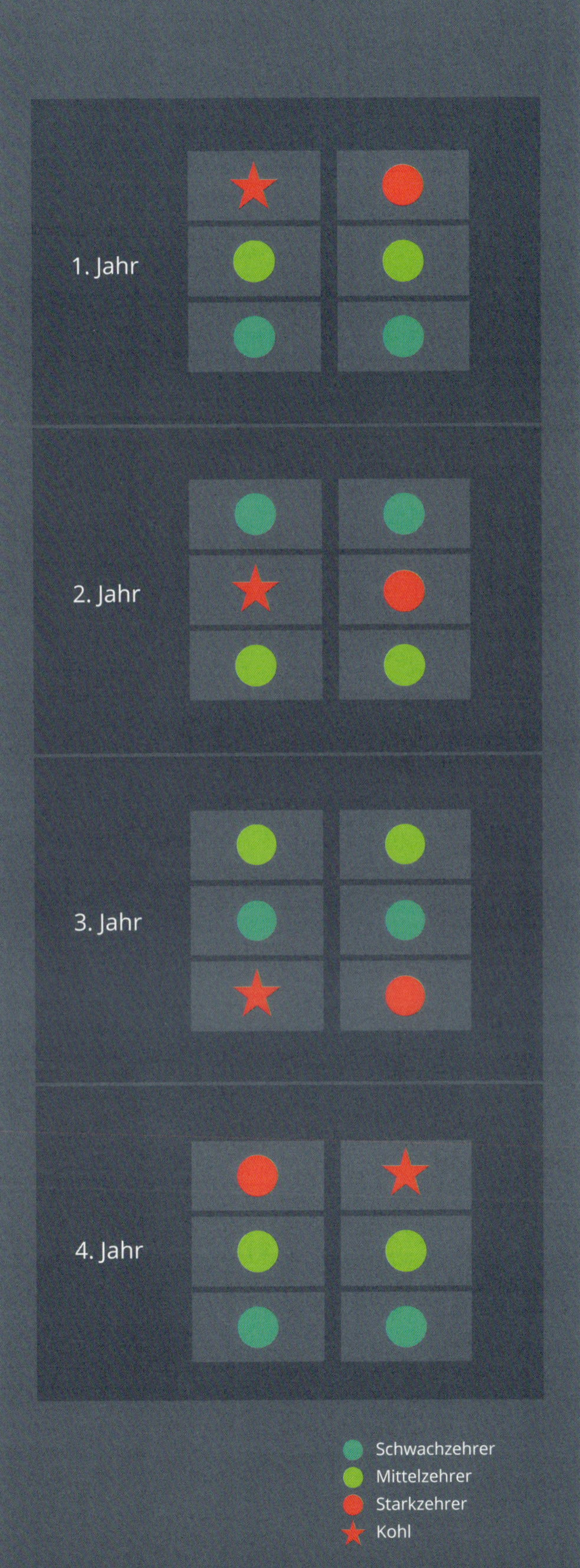

Starker Kohl durch Mischkultur

Während es bei der Fruchtfolge darum geht, welche Kulturen nacheinander auf der Anbaufläche angebaut werden, dreht sich bei der Mischkultur im Gegensatz dazu alles darum, welche Kulturen gleichzeitig im selben Beet oder auf derselben Anbaufläche stehen. Dabei werden als Beet-Nachbarn Kulturen gewählt, die sich gegenseitig begünstigen.

Durch die Mischkultur mit anderen Gemüsekulturen kann der Druck durch Schaderreger oder Pathogene weiter gesenkt werden, auch die Gefahr der Erosion durch Wasser und Wind kann reduziert werden.

Das Gegenteil der Mischkultur ist der Anbau nur einer Kultur auf der Anbaufläche. Dies ist die Reinkultur.

Für die Mischkultur mit Kohl eignen sich zum Beispiel Möhren, Tomaten, Spinat, Gurken, Porree, Mangold, Bohnen und Erbsen besonders gut als Pflanznachbarn.

Ungeeignete Pflanznachbarn für Kohlpflanzen sind unter anderem andere Kohlsorten, Zwiebeln und Knoblauch.

Es bietet sich außerdem an, schnell wachsendes Gemüse, wie Salate und Radieschen, zwischen die jungen Kohlpflanzen zu setzen. Diese können, bevor der Kohl mehr Platz braucht, geerntet werden.

Integriert man in die Mischkultur nicht nur Gemüsekulturen, sondern auch Blumen und Kräuter, kann der positive Effekt der Mischkultur weiter verstärkt werden. Die Blüten locken Bestäuber und andere Nützlinge an. Die Ringelblume oder die Tagetes zum Beispiel können den Befall der Kulturen durch Drahtwürmer und Nematoden reduzieren.

> Mischkultur mit Ringelblume

Kohlanbau im Winter

Auch wenn viele Gärten in den zahlreichen Kleingartenanlagen mit ab Oktober leergeräumten und umgebrochenen Beeten einen anderen Eindruck vermitteln: Auch im Winter kann gegärtnert und geerntet werden.

Mit frostfesten Kulturen und Sorten und Hilfsmitteln, wie Folientunnel, Vlies, Frühbeeten oder Gewächshäusern, können die Anbau- und Erntezeiträume ganz einfach verlängert, die Ernte verfrüht oder negative Temperaturspitzen ausgeglichen werden. Folientunnel, Gewächshaus und Frühbeetkästen, sie alle schützen die Gemüsekulturen vor ungünstigen Witterungseinflüssen und erzeugen günstigere Bedingungen für die Entwicklung und das Wachstum der Pflanzen und sind eine wichtige Voraussetzung, um die Vegetationsperiode zu verlängern und das ganze Jahr über ernten zu können. Die Vorteile aller Varianten sind unter anderem folgende:

1. Im Inneren von Frühbeet, Folientunnel und Gewächshaus steigen die Temperaturen durch Sonneneinstrahlung schneller als im Freiland. Dadurch können die Pflanzen auch im Winter weiterwachsen.
2. Die Pflanzen sind vor unkontrollierten Niederschlägen geschützt. Das ist im Herbst und Winter besonders wichtig, da die Pflanzen durch zu viel Niederschlag Schaden nehmen: Zum einen, wenn der Boden wassergesättigt ist und Staunässe entsteht. Staunässe lässt die meisten Pflanzen schon innerhalb kurzer Zeit absterben, da die Wurzeln faulen. Zum anderen verdunstet das Wasser nicht mehr so schnell und die Pflanzen trocknen gar nicht mehr oder nur sehr langsam ab. Dadurch sind sie besonders anfällig für Pilzbefall.
3. Die Pflanzen sind vor Schneelast und Wind geschützt. Das ist vor allem für hochwüchsige Pflanzen wie hohe Grünkohlsorten gut, da diese bei hohen Schneefällen oder besonders starkem Wind einfach abbrechen können.
4. Die Pflanzen sind in Gewächshäusern, Folientunneln und Frühbeeten zumindest vor größeren Fressfeinden, wie Hasen oder Kaninchen und Vögeln, sicher.

Wichtig ist es, dass Gewächshäuser, Folientunnel und auch Frühbeetkästen bei Sonneneinstrahlung belüftet werden. Die Luftfeuchtigkeit sollte nicht so hoch werden, dass sich Kondenswasser bildet und sich dieses auf den Pflanzen sammelt. Dadurch wären die Pflanzen wieder besonders anfällig fürs Verfaulen. Wenn man größere Pflanzabstände wählt, stehen die Pflanzen luftiger und können dadurch besser abtrocknen.

Frostschutzvlies

Durch eine Abdeckung der Kulturen mit Vlies kann eine gleichmäßige Temperaturerhöhung von bis zu 5 Grad Celsius erreicht werden. Die Vliesabdeckung schützt die Kulturen vor Frost auch bei Außentemperaturen von –5 Grad Celsius.

Durch die Temperaturerhöhung unter dem Vlies wird das Wachstum der Pflanzen beschleunigt.

Vlies ist sehr leicht, atmungsaktiv und wasserdurchlässig. Vlies ist also eher im Winter geeignet; in regenreichen Herbstwochen kann das Vlies nicht vor dauerhafter Nässe der Pflanzen und eventueller Schimmelbildung schützen.

Legt man das Vlies doppelt, kann auch der Zwischenraum zwischen den Vliesschichten zusätzlich isolieren.

Durch die Nutzung von Vlies kann die Freilandsaison um drei bis vier Wochen im Winter verlängert werden und ebenfalls drei bis vier Wochen im Frühjahr früher beginnen.

Auch frostfeste Gemüsekulturen wie Tatsoi oder Grünkohl profitieren von einer Vliesabdeckung.

Kaltes Frühbeet

Das Frühbeet ist im Grunde ein kleines Gewächshaus, die verbreitetste Variante ist eine Holzumrandung mit einer Glasabdeckung. Die Umrandungen können aber auch aus Stein oder Strohballen bestehen. Frühbeete, die komplett aus Doppelstegplatten bestehen und nicht irreversibel im Boden verankert sind, lassen sich besonders flexibel einsetzen. Frühbeete benötigen nur sehr wenig Platz und lassen sich auch sehr kostengünstig selbst bauen. Möchte man ein Frühbeet kaufen, sollte man unbedingt darauf achten, dass es auch stabil genug ist, um dem Winterwetter standzuhalten.

Das Frühbeet sollte mindestens 30 cm hoch sein und in südlicher Himmelsrichtung abgeschrägt sein, um den Lichteinfall zu optimieren. Die Schräge ist auch wichtig, damit das Regen- und Kondenswasser ablaufen kann.

Frühbeete eignen sich, um bereits im zeitigen Frühjahr zur Vorkultur oder zur Dauerkultur eher niedrig bleibende Blattkohlarten anzubauen, wie Schnittkohl oder kleinere Blattsenfsorten. Aber auch Tatsoi, Mizuna, Pak Choi oder Wasserrüben finden im Frühbeet genügend Platz. Bei niedrigen Temperaturen oder regnerischem und windigem Wetter sollte das Frühbeet geschlossen bleiben. Bei sonnigem Wetter muss für eine Belüftung gesorgt werden, indem man das Frühbeet einfach einen Spalt weit offenlässt. Dadurch wird vermieden, dass die Temperaturen oder die Luftfeuchtigkeit zu hoch werden.

Warmes Frühbeet, Mistbeet

Der Aufbau von einem warmen Frühbeet gleicht dem eines kalten Frühbeets, es wird aber zusätzlich durch eine «Fußbodenheizung» aus Mist beheizt. Das Frühbeet besteht aus einer Umrandung aus Holz, Stein oder Stroh, steht möglichst sonnig und mit der abgeschrägten Frontseite Richtung Süden zeigend. Im Gegensatz zum kalten Frühbeet wird beim warmen Frühbeet die Erde innerhalb der Umrandung etwa 60 cm tief ausgehoben. Wer verhindern möchte, dass Wühlmäuse in das Mistbeet kommen, sollte die ausgehobene Grube mit Kaninchenzaun auslegen. Die erste Schicht im Mistbeet ist eine 10 cm hohe Laub- oder Strohschicht. Verwendet man Stroh, sollte dieses möglichst kurz sein. Die Laub- oder Strohschicht isoliert das Beet nach unten gegen das Erdreich. Auf diese Isolationsschicht wird eine 40 cm hohe Schicht aus Mist aufgetragen. Es sollte sich nicht um abgelagerten, sondern um frischen und mit Stroh versetzten Mist handeln. Pferdemist eignet sich durch die Wärmeentwicklung am besten. Der Mist wird schichtweise ausgebracht, immer wieder gut festgetreten und mit Wasser übergossen. Auf den Mist kommt eine 15 cm hohe Schicht aus mit Komposterde vermischter Gartenerde. Nachdem sich das Beet etwas gesetzt hat, kann es nach einigen Tagen schon bepflanzt werden. Durch die Verrottungsprozesse heizt sich die Erde und auch die Luft im geschlossenen Frühbeet auf. Damit keine Wärme verloren geht, sollte das Glasfenster möglichst dicht schließen. Auch von außen kann das warme Frühbeet durch Laub und Stroh isoliert werden.

Das Prinzip der Mistheizung lässt sich auch im Gewächshaus oder im Folientunnel anwenden. Je dicker die Mistschicht ist, umso länger hält die Wärmeleistung an.

Das Mistbeet eignet sich für Arten wie Kohlrabi, die als Jungpflanzen besonders kälteempfindlich sind und Arten, die man vor allem im Winter kultivieren möchte, wie zum Beispiel Schnittkohl.

Minifolientunnel und Minivliestunnel

Im Gegensatz zum Folientunnel sind Minifolien- oder Minivliestunnel aufgrund ihrer geringen Höhe nicht begehbar. Bei den Minitunnels handelt es sich um eine besonders kostengünstige Variante, mit der man flexibel große Flächen im Garten abdecken kann. Während Folientunnel vor Niederschlag, Fressfeinden, Schnee und Wind schützen, ist die Variante aus Vlies wasser- und luftdurchlässig.

Der Aufbau dieser Tunnel ist denkbar einfach: Im Abstand von 80 cm werden biegsame Federstahlstangen oder andere geeignete Stäbe in den Boden gesteckt. An der höchsten Stelle wird längs über alle Bögen eine Stange befestigt, die wie ein Dachfirst oben aufliegt. Dieses Tunnelgestell kann nun mit Folie oder Vlies bespannt werden. Befestigt wird die Folie entweder durch spezielle Metallclips (Omega-Clips, Folienklammern) an den Federstahlstangen oder durch eine reißfeste Schnur, die im Zickzack die Folie oder das Vlies niederbindet. Dafür muss die Schnur auch entsprechend straffgezogen werden, die Schnur und die Folie bzw. das Vlies werden am Ende des Tunnels straff an einem Hering oder Pflock angebunden. An den Seiten wird die im Zickzack geführte Schnur durch Heringe oder Bodenanker festgezurrt. Die dachfirstähnliche Längsstange des Tunnels sorgt dafür, dass sich der Schnee oder Regen nicht in den Segmenten zwischen den Stangen sammelt und die Folie durchhängen lässt (Pool-Bildung).

Eine weitere Möglichkeit, um die Folie oder das Vlies zu befestigen und das Öffnen des Tunnels zu erleichtern, hat man, wenn man die Federstahlstangen doppelt setzt: Zuerst werden die ersten Federstahlstangen gesetzt und darüber das Vlies oder die Folie gelegt. Auf der Höhe der ersten Federstahlstangen wird über das Vlies oder die Folie jeweils eine zweite Federstahlstange gesetzt. Dadurch ist das Vlies oder die Folie sandwichmäßig eingeklemmt.

Es ist wichtig, dass die Folie oder das Vlies für die Tunnel nicht zu knapp bemessen ist. Um die Tunnel auch gegen Wind etwas abzusichern, kann man die Folie oder das Vlies an den Längsseiten eingraben oder durch Steine beschweren. Eine Längsseite sollte nur mit einer Beschwerung am Boden gehalten werden, damit man zum Jäten, Ernten, Gießen und Lüften die Folie leicht öffnen kann.

Vliestunnel müssen nicht gelüftet werden, schützen die Pflanzen aber auch nicht vor Regenfällen. Im Frühling und Sommer kann dieses Gerüst aus Federstahlstangen dann mit feinmaschigen Kulturschutznetzen bespannt werden, um den Kohl vor Schädlingen zu schützen.

Folientunnel, Folientreibhaus

Oft sind die Folienkonstruktionen im Vergleich zu Gewächshäusern aus Glas oder Doppelstegplatten deutlich kostengünstiger. Je nach Größe sind sie flexibel einsetzbar, da sie einfach auf- und abbaubar sind und platzsparend gelagert werden können, wenn man sie gerade nicht benötigt. Der Standort sollte sonnig und windgeschützt sein. Wenn möglich, sollte man einen Platz in der Nähe von Bäumen, Häusern, Hecken oder hohen Mauern vermeiden. Ebenfalls ungeeignet sind windige Stellen oder Hanglagen. Um gut lüften zu können, sollten Fenster oder Türen an gegenüberliegenden Seiten vorhanden sein.
Die Ausrichtung des Firstes hängt davon ab, wie man das Gewächshaus oder den Tunnel nutzen möchte: Für die Nutzung im Winter und Frühjahr ist eine Ost-West-Ausrichtung optimal. Durch die tief stehende Sonne wird in dieser Zeit das meiste Licht durch die Seitenwände aufgenommen. Im Sommer erreicht man die beste Lichtausbeute durch eine Nord-Süd-Ausrichtung, da durch die hoch stehende Sonne das meiste Licht über die Dachfläche aufgenommen wird. Im Sommer fällt in der Regel genug Licht ein, um mit jeder Ausrichtung gute Ergebnisse zu erzielen, darum sollte man im Zweifelsfall die Ost-West-Ausrichtung wählen.

Unbeheiztes Glas- oder Kunststoffgewächshaus

Gewächshäuser sind im Vergleich zu Folienhäusern, Folientunneln oder Frühbeeten meistens am teuersten und auch beim Aufbau am aufwendigsten. Jedoch sind sie dafür auch am langlebigsten und halten höhere Wind- und Schneebelastungen aus. Der richtige Standort, die Belüftung und die Ausrichtung sind dieselben wie bei Folienkonstruktionen.

Schädlinge und Krankheiten

Schädlinge

Im Garten gibt es einige Tiere, die den Kohl zum Fressen gernhaben. Die gute Nachricht: Durch die Verwendung von Kulturschutznetzen lässt sich der Befall durch die Schädlinge meist zuverlässig verhindern. Die häufigsten Kohlschädlinge im Überblick:

Kohlmottenschildlaus, Weiße Fliege *(Aleyrodes proletella)*: Die Kohlmottenschildlaus ist eine geflügelte Form dieser Schildlaus, die wie eine bepuderte, kleine, weiße Fliege aussieht. Die ringförmigen Eigelege sowie die gelblichen Larven und die geflügelte Form der Kohlmottenschildlaus kommen in Kolonien an der Blattunterseite verschiedenster Kohlsorten vor. Die Larven sind anfangs mobil, in späteren Stadien sitzen sie als Schildlaus unbeweglich an den Blattunterseiten fest. Vor allem Grünkohl wird besonders häufig von Kohlmottenschildläusen befallen. Die befallenen Stellen oder Pflanzen sind durch Wachs- und Honigtau-Ausscheidungen der Läuse verunreinigt, auf denen dann Rußtaupilze gedeihen. Diese lassen sich als schwärzlicher Belag erkennen.
In trockenen und warmen Sommern kommt es häufig zu Massenausbreitungen der Kohlmottenschildlaus.
Maschenweite Kulturschutznetz: 0,5–0,6 mm

Kohlrübenblattwespe *(Athalia rosae)*: Die Kohlrübenblattwespe ist eine Blattwespe mit schwarzem Kopf und orangerotem Körper. Die Weibchen legen bis zu 300 Eier einzeln an die Blätter von wilden oder kultivierten Kreuzblütlern. Die Larven sind graugrün oder schwarzgrau mit einer grauen Bauchseite. Ihr Kopf ist schwarz glänzend. Die älteren Larven verursachen Fenster-, Loch-, Rand- und Skelettierfraß an den Blättern verschiedener Kohlarten. Ein Kahlfraß durch Massenauftreten der Blattwespenlarven kann größere Ertragseinbußen zur Folge haben.

Durch die Verwendung von Kulturschutznetzen lässt sich ein Befall weitestgehend verhindern. Die Afterraupen lassen sich außerdem gut absammeln.

Maschenweite Kulturschutznetz: 1,8 mm

Mehlige Kohlblattlaus *(Brevicoryne brassicae)*: Die Mehlige Kohlblattlaus befällt die Kohlpflanzen ab Mai durch eine geflügelte Form. Diese Form ist bis auf ihren grünen Hinterleib schwarz. Die flügellose Form ist mit hellem Wachspuder bedeckt und sieht blaugrau aus. Jungtiere sind gelbgrün und nur wenig mit dem Wachspuder bedeckt. Die Blattläuse sitzen in Kolonien an der Blattunterseite von Kohlblättern. Befallene Blätter werden oberseitig hellfleckig oder rötlich, werden buckelig oder rollen sich stellenweise ein. Durch die Blattläuse sind die befallenen Stellen mit Honigtau und Wachs bedeckt. Wenn die Herzblätter befallen werden, entwickeln sich Missbildungen oder die Pflanzen stellen ihr Wachstum ein. Die Mehligen Kohlblattläuse profitieren von trockener, warmer Witterung und Trockenstress der Kohlpflanzen. Dann kann es zu Massenvermehrungen der Blattläuse kommen.

Einen Befall kann man durch feinmaschige Kulturschutznetze oder Vlies und regelmäßiges Wässern verhindern.

Maschenweite Kulturschutznetz: 1,3 mm

Kohlgallenrüssler *(Ceutorhynchus pleurostigma,* Syn. *C. assimilis)*: Beim Kohlgallenrüssler handelt es sich um einen dunkelbraunen bis schwarzen Rüsselkäfer, der Löcher in Kohlstrünke frisst und dort seine Eier ablegt. Dadurch entsteht ein Gallgewebe von bis zu 10 mm Durchmesser. Durch die Gallen kann der Befall mit der Kohlhernie verwechselt werden. Im Gegensatz zur Kohlhernie (siehe Seite 43) ist die Galle des Kohlgallenrüsslers jedoch hohl. In den Gallen entwickeln sich die weißen, beinlosen Larven.

Um einen Befall zu verhindern, ist eine Anbaupause von vier bis fünf Jahren wichtig. Das Einpflanzen der Jungpflanzen bis knapp unter das erste Blattpaar führt außerdem dazu, dass der Rüsselkäfer keinen Platz zur Eiablage finden kann. Die Kohlgallen befallener Pflanzen werden bestenfalls im Hausmüll entsorgt. Dieser Rüsselkäfer richtet im Hausgarten meist keinen großen Schaden an.

Maschenweite Kulturschutznetz: 0,8 mm

Gefleckter Kohltriebrüssler *(Ceutorhynchus pallidactylus)*: Der Gefleckte Kohltriebrüssler ist ebenfalls ein Vertreter der Rüsselkäfer mit einem rüsselartig nach vorne verlängertem Kopf und nach vorne gewinkelten Fühlern. Er ist braun und hat einen hellen Rückenfleck. Die gelblich weißen, beinlosen Larven mit braunem Kopf entwickeln sich im Stängel verschiedener Kohlpflanzen und können zu Wachstumsdepressionen und zum Umknicken der Pflanzen bei starkem Befall führen. Die ausgewachsenen Käfer fressen an Kohlblättern grubenartige Löcher.

Einen Befall kann man durch die Verwendung von Kulturschutznetzen oder Vlies im zeitigen Frühjahr verhindern. In der Nähe befindliche Rapsfelder erhöhen die Wahrscheinlichkeit des Befalls durch den Gefleckten Kohltriebrüssler.

Maschenweite Kulturschutznetz: unter 1,3 mm

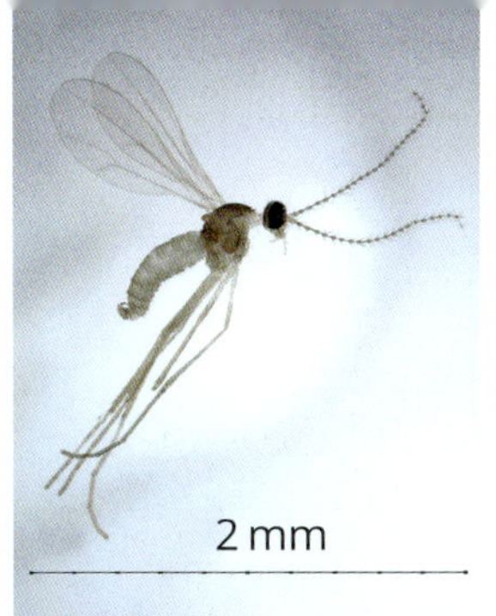

Kohldrehherzmücke *(Contarinia nasturtii)*: Ab Mai legen die hellbraunen, nur wenige Millimeter kleinen Kohldrehherzmücken ihre Eier an die Kohlpflanzen. Die Larven sind springfähig, gelblich weiß, kopf- und fußlos und fressen die Innenseite der Herzblätter und Blattstiele an. Dadurch entstehen an der Innenseite der Blätter und Stiele Vernarbungen, die Blattaußenseite bleibt jedoch unversehrt. Im Speichel der Larven befinden sich zusätzlich Toxine, die Wachstumsstockungen an der Blattinnenseite zur Folge haben. Dadurch wachsen die jungen Blätter verdreht weiter. Das Herz der Pflanze stirbt ab, die Pflanzen können höchstens durch Seitentriebe aus unbeschadeten Blattachseln weiterwachsen. Die Kohldrehherzmücke und ihre Larven sind so klein, dass sie kaum zu erkennen sind und die durch sie entstandenen Schäden oft erst dann deutlich sichtbar werden, wenn die Mückenlarven ihre Entwicklung vollendet haben und sich nicht mehr auf den Kohlpflanzen befinden.

Um einem Befall durch die Kohldrehherzmücke vorzubeugen, sollte eine Anbaupause von mindestens zwei Jahren eingehalten werden. Durch die Verwendung von Kulturschutznetzen lässt sich ein Befall verhindern, wenn der Boden frei von Kohldrehherzmücken ist.

Maschenweite Kulturschutznetz: 0,8 mm

Kleine Kohlfliege *(Delia radicum)*: Die Kleine Kohlfliege ähnelt der Stubenfliege und schädigt verschiedene Kreuzblütler. Durch großflächigen Rapsanbau tritt sie auch im Gemüsebau auf. Die weiblichen Kohlfliegen legen ab März bis zu 80 Eier bevorzugt in der Nähe der Stängel verschiedener Kohlarten in die Erde. Die weißen, bein- und kopflosen Maden entwickeln sich in der Pflanze. Durch Fraßgänge im Wurzelhals, in Keimblättern und im Stängel kommt es zur Fäulnis und Welke der betroffenen Pflanzen.

Vorbeugend können Kulturschutznetze oder Vlies verwendet werden sowie Kohlkragen aus Vlies oder Papier, die um die Stängel der Kohlpflanzen angebracht werden können.

Maschenweite Kulturschutznetz: bis 1,8 mm

Gemüseeule *(Lacanobia oleracea)*: Bei der Gemüseeule handelt es sich um einen Nachtfalter, der bis zu 2 cm lang wird. Die Grundfärbung der Flügel ist braunrot, am Hinterrand der Vorderflügel ist ein weißes W-Zeichen. Die Weibchen legen ab Mai auf der Blattunterseite verschiedenster Gemüsekulturen ihre kugelförmigen Eier in Gruppen von bis zu 500 Stück ab. Dabei sind die Eier nicht nur einlagig angeordnet, sondern in mehreren Schichten. Die Eier wechseln ihre Farbe meist von grünlich zu hellgelb oder fast weiß. In den ersten Larvenstadien sind der Körper und der Kopf der Raupen glänzend grün. In späteren Larvenstadien bildet sich auf jeder Seite ein auffälliger, gelber Längsstreifen mit schwarzen Punkten darüber. Die Farbe älterer Larven kann von hellgrün über hellbraun bis fast rötlich variieren. Der in den ersten Larvenstadien grün gefärbte Kopf ist in späteren Larvenstadien weiß bis graubraun mit melierten Abzeichen.

Die Raupen der Gemüseeule fressen sich gerne tief in die Köpfe der verschiedenen Kopfkohlarten. Dadurch sind diese besonders anfällig für Fäulniserreger.

Mit Kulturschutznetzen kann man den Befall der Kohlpflanzen durch die Gemüseeule sehr einfach verhindern. Die Larven lassen sich außerdem gut absammeln.

Maschenweite Kulturschutznetz: 1,5–2 mm

Kohleule *(Mamestra brassicae)*: Bei der Kohleule handelt es sich ebenfalls um einen Nachtfalter. Die ausgewachsenen Tiere können bis zu 2,5 cm lang werden, ihre Grundfärbung ist graubraun. Die Vorderflügel sind dunkel und weiß gezeichnet, mit besonders auffälligen, weiß umrandeten Flecken in der Form einer Niere im unteren Drittel der Vorderflügel. Im Mai und Juli legen die Weibchen ihre Eier in großen Gruppen an der Blattunterseite von verschiedenen Kohlarten ab. Die Eier sind zuerst weißlich gelb, später grau. Sie sind halbkugelförmig und strahlenförmig gerippt. Die Raupen sind in den ersten Larvenstadien grün, lassen sich durch ihren schwarzen Kopf jedoch von der Larve der Gemüseeule unterscheiden. Die Farbe älterer Larven kann von hellgrün über braun bis fast schwarz variieren, sie haben undeutliche Seiten- und Rückenlinien. Die Larven der Kohleulen zerfressen die Kohlblätter und führen vor allem bei Kopfkohl durch das Fressen von tiefen Gängen zu größeren Schäden, da sie durch ihren Kot starke Verschmutzungen und Fäulniserreger hervorrufen.

Die Kohlpflanzen lassen sich durch Kulturschutznetze am besten vor dem Befall durch die Kohleule schützen. Die Larven lassen sich außerdem gut absammeln.

Maschenweite Kulturschutznetz: 1,5–2 mm

Kohlerdflöhe: Schwarzer Kohlerdfloh *(Phyllotreta atra)*, **Blauseidiger Kohlerdfloh** *(P. nigripes)*, **Gelbstreifiger Kohlerdfloh** *(P. nemorum)*, **Gewelltstreifiger Kohlerdfloh** *(P. undulata)*, **Grünglänzender Kohlerdfloh** *(P. cruciferae)*

Die Kohlerdflöhe sind je nach Art verschieden gefärbt. Sie sind zumeist gelbstreifig oder schwarzblau. Die Larven sind schmutzig weiß mit kleinen dunklen Punkten. Bei Berührung können die Käfer dank kräftiger Beine wegspringen. Die Erdflöhe durchlöchern siebartig die Keim- und Laubblätter verschiedener Kohlarten. Die Blattschäden durch die Kohlerdflöhe sind meistens nicht ertragswirksam, außer es handelt sich um junge Keimlinge.

Auch bei den Kohlerdflöhen ist eine vorbeugende Anwendung von feinmaschigen Kulturschutznetzen die beste Möglichkeit, um einen Befall zu verhindern. Regelmäßiges Wässern und regelmäßiges Lockern der Erde helfen ebenfalls.

Maschenweite Kulturschutznetz: 0,8 mm

Großer Kohlweißling *(Pieris brassicae)*: Der sehr häufige und bekannte Große Kohlweißling hat weiße Flügel mit einer Spannweite von bis zu 7 cm. Im Gegensatz zum Kleinen Kohlweißling ist nicht nur die Spitze des Vorderflügels schwarz gezeichnet, sondern die schwarze Zeichnung reicht bis zum äußeren Rand. Wie beim Kleinen Kohlweißling haben auch beim Großen Kohlweißling die weiblichen Falter zwei runde, schwarze Flecke auf den Vorderflügeln, die männlichen Falter haben keine Flecke.

Von Mai bis Juli legen die Großen Kohlweißlinge ihre leuchtend gelben, länglichen, längs gerippten Eier in großen Gruppen an der Blattunterseite von Kohlpflanzen ab. Die anfänglich gelben, später grünschwarzen Raupen mit gelben Längsstreifen des Großen Kohlweißlings fressen große Löcher in die Kohlblätter. Die Larven bleiben in Gruppen zusammen und können bei starkem Befall komplette Pflanzen bis auf die Blattrippen abfressen.

Um die Kohlpflanzen vor den Kohlweißlingen zu schützen, bietet es sich an, in der Zeit der Eiablage (Mai bis Juli) engmaschige Netze über die Pflanzen zu spannen, um eine Eiablage der Schmetterlinge zu verhindern. Die Raupen lassen sich außerdem gut absammeln.

Maschenweite Kulturschutznetz: 1,5–2 mm

Kleiner Kohlweißling *(Pieris rapae)*: Die adulten Falter des Kleinen Kohlweißlings erreichen eine Flügelspannweite von bis zu 6 cm, die Flügel sind weiß. Auf den Vorderflügeln haben sie eine schwarze Zeichnung an der Spitze und mittig einen schwarzen Fleck. An der Anzahl dieser schwarzen Punkte lässt sich das Geschlecht des Falters bestimmen: Das Weibchen hat zwei, das Männchen nur einen runden schwarzen Fleck je Vorderflügel. Der Kleine Kohlweißling legt im Mai und Juli kleine, blassgelbe, längs gerippte Eier einzeln an die Blattunterseite von Kohlpflanzen. Die Raupen sind anfangs hellgelb, später hellgrün mit einem hellgrünen Kopf, gelber Rückenlinie und gelben Punkten. Sie fressen die Blätter und schädigen so die Kohlpflanzen.

Durch eine Abdeckung der Kohlpflanzen mit Kulturschutznetzen können die Pflanzen sehr effektiv geschützt werden. Die Raupen lassen sich außerdem gut absammeln.

Maschenweite Kulturschutznetz: 1,5–2 mm

Kohlmotte *(Plutella xylostella)*: Bei der Kohlmotte, auch Kohlschabe genannt, handelt es sich um eine kleine, dunkelgraue Motte mit einem hellen Zickzackband auf dem Rücken. Die Raupen sind gelblich grau bis grün und 1 cm lang. Anfangs schaben sie mit dem sogenannten Schabefraß oder Fensterfraß die Blattunterseiten von verschiedenen Kohlsorten ab, dadurch bleibt nur noch die Blattoberhaut oder die Blattunterhaut bestehen und die Blätter sind an den geschädigten Stellen silbrig durchscheinend. Später fressen die Larven an den Herzblättern der Kohlpflanze und verursachen dort durch Loch- oder Fensterfraß Missbildungen oder Wachstumsdepressionen der Pflanzen. Dabei sitzen sie in einem weißen Gespinst und zappeln bei Berührung. Nach der Verpuppung der Larven schlüpfen braune, unauffällige Kleinschmetterlinge.

Durch eine Abdeckung der Kohlpflanzen mit feinen Kulturschutznetzen lässt sich das Ablegen von Eiern am Kohl größtenteils verhindern. Die Larven lassen sich absammeln.

Maschenweite Kulturschutznetz: 1,5–2 mm

Wirbeltiere (Hasen, Kaninchen, Vögel): Besonders als Jungpflanzen sind die Kohlpflanzen auch für verschiedene Vogelarten, zum Beispiel für Tauben und Sperlinge, aber auch für Hasen und Kaninchen, eine gerngesehene Zwischenmahlzeit. Gegen den Vogel- und Kleintierfraß helfen am zuverlässigsten Kulturschutznetze. Auch Konstruktionen aus Draht, Ästen oder über die Pflanzen gestülpte Gläser oder Flaschen ohne Boden können die Jungpflanzen schützen.

Herzblätter

Innere, noch nicht vollständig entwickelte Blätter einer Pflanze.

Krankheiten

Beim Anbau von Kohl kann es immer wieder mal passieren, dass verschiedene Krankheiten im Bestand auftreten. Die meisten Krankheiten lassen sich gut vorbeugen, indem man Anbaupausen für Kreuzblütler einhält. Die wichtigsten Kohlkrankheiten im Überblick:

Kohlschwärze (*Alternaria* spec.): Bei der Kohlschwärze handelt es sich um einen Pilzbefall durch Schlauchpilzarten der Gattung *Alternaria*, der vor allem in feuchter Sommer- und Herbstwitterung auftritt. Es entstehen an den älteren Blättern (auch an Stängeln und Schoten) Blattflecke mit konzentrischen Ringen, um die herum das Blatt vergilbt. Die Kohlschwärze führt zu Qualitätsverlusten am Kohl. Durch eine vielfältige Fruchtfolge und eine Anbaupause von drei Jahren bei Kreuzblütlern kann einer Infektion vorgebeugt werden, da der Pilz an infizierten Pflanzenresten und auch im Boden überdauern kann. Die Sporen des Pilzes werden durch den Wind und auch durch Nacktschnecken übertragen. Auch über infiziertes Saatgut kann der Pilz übertragen werden. Mittlerweile gibt es auch Sorten, die gegen den Befall durch die Kohlschwärze resistent sind. Diese lassen sich durch die Angaben zur Sortenanfälligkeit in der beschreibenden Sortenliste vom Bundessortenamt ausfindig machen.

Echter Mehltau *(Erysiphe cruciferarum)*: Für den Echten Mehltau ist ein mehliger Belag auf der Oberseite von Blättern charakteristisch. Der Pilz breitet sich besonders schnell bei warmem, trocknem Wetter in Kombination mit nächtlicher Taubildung aus. Bei den Kohlarten sind vor allem Grünkohl, Schnittkohl, Blumenkohl und Chinakohl gegenüber dem Echten Mehltau anfällig. An den Blättern und Stängeln bilden sich weiß-graue Flecke, die später fast schwarz werden.

Befallene Pflanzenteile sollten nicht kompostiert werden, sondern im Hausmüll entsorgt werden.

Um einen Befall durch den Echten Mehltau vorzubeugen, sollte man es vermeiden, dass die Pflanzen eng stehen. Genügend Licht und eine ausgewogene Versorgung mit Nährstoffen wirken ebenfalls präventiv. Gegossen werden sollten die Pflanzen von unten, die Blätter sollten nicht nass werden oder schnell wieder abtrocknen können. Sind die Pflanzen schon befallen, sollte man sie so wenig gießen, dass sie ihre Blätter hängen lassen. Der Pilz kann sich nicht verbreiten, wenn der Turgor der Pflanzen niedrig ist. Einen leichten Befall kann man durch Besprühen der Pflanzen mit Fencheljauche, Knoblauchjauche oder Vollmilch bekämpfen.

Ringelfleckenkrankheit *(Mycosphaerella brassicicola)*: Die Ringelfleckenkrankheit wird durch den Pilz *Mycosphaerella brassicicola* ausgelöst. Durch den Befall entstehen auf den Kohlblättern grauschwarze ringförmige Flecke, die bis zu 2 cm groß werden können und bei anhaltender Feuchtigkeit verschmelzen können. Befallene Blätter sterben ab. Da der Pilz auf erkrankten Pflanzenteilen im Boden überwintert, sollten infizierte Blätter oder Pflanzen im Hausmüll entsorgt werden. Die Sporen des Pilzes werden durch die Luft übertragen. Eine Anbaupause von drei Jahren und die Beseitigung von Pflanzenresten beugen einem Befall vor.

Falscher Kohlmehltau *(Peronospora parasitica)*: Der Falsche Kohlmehltau ist eine Pilzerkrankung, die besonders Keimpflanzen in der Anzucht befällt und zu Wachstumsdepressionen führt. Auch bei weiter entwickelten Pflanzen führt der Falsche Kohlmehltau zu Blattschädigungen. An den Blattoberseiten bilden sich gelblich braune Flecke, währenddessen bilden sich blattunterseits weißgraue Sporenteppiche.

Da der Pilzbefall von einer hohen Luftfeuchtigkeit profitiert, ist es wichtig, in der Anzucht auf einen gut abtrocknenden Bestand zu achten und die Anzuchterde vor der Aussaat zu dämpfen, um vorhandene Sporen abzutöten. Größere Pflanzabstände haben den Vorteil, dass die Pflanzen auch im Herbst schneller und besser abtrocknen können. Die Sporen des Falschen Kohlmehltaus werden mit der Luft verbreitet.

Erde dämpfen

Um eventuell in der Erde vorkommende Krankheitserreger, Pilzsporen oder Schädlinge abzutöten, kann man die Erde vor der Verwendung dämpfen. Dafür sollte die feuchte Erde 30 Minuten auf ungefähr 100 Grad Celsius erhitzt werden, am besten ausgebreitet auf einem Backblech. Damit die Feuchtigkeit bei der Erhitzung in der Erde bleibt, sollte sie mit Alufolie abgedeckt werden. Vor dem Verwenden muss die Erde abkühlen.

Umfallkrankheit *(Phoma lingam, Leptosphaeria maculans)*: Bei der Umfallkrankheit handelt es sich um eine Pilzerkrankung, die vor allem über infiziertes Saatgut verbreitet wird. Auch im Boden kann der Pilz über mehrere Jahre überdauern. Durch Regenspritzer können die Sporen auf die Kohlpflanzen gelangen und auch in gesundes Pflanzengewebe eindringen. Verletzungen von Schädlingen, wie zum Beispiel den Kohlerdflöhen, der Kohleule oder der Kohlmotte, dienen als besonders einfache Eintrittspforte. Der Pilz wächst durch die infizierten Blätter und Stängel in den Wurzelhals ein, wo er Vermorschungen verursacht. Dadurch welken die Kohlpflanzen plötzlich und auch ausgewachsene Kohlpflanzen fallen um und sterben ab. Auch im Keimlingsstadium führt eine Infektion zum Welken und Absterben der Pflanzen.
Um der Umfallkrankheit vorzubeugen, ist die Verwendung von gesundem Saatgut und eine weitgestellte Fruchtfolge mit mindestens dreijährigen Anbaupausen von Kreuzblütlern vielversprechend.

Kohlhernie *(Plasmodiophora brassicae)*: Kohlhernie ist eine Krankheit, die durch den Schleimpilz *Plasmodiophora brassicae* ausgelöst wird. Die Krankheit wird durch verseuchten Boden, der an Schuhen oder Gartengeräten haftet, verteilt, jedoch auch über kontaminiertes Regenwasser, befallenes Pflanzenmaterial, Kompost oder Mist. Sogar durch Wind und Regenwürmer kann die Kohlhernie verbreitet werden. Optimale Infektionsbedingungen sind Temperaturen zwischen 23 und 25 Grad Celsius und eine hohe Bodenfeuchtigkeit in Kombination mit einem niedrigen pH-Wert. Befallene Pflanzen verkümmern, die Blätter verfärben sich grau oder vergilben. An den Wurzeln kommt es zu starken Wucherungen, die klumpenartig bis walzenförmig, weiß und nicht hohl sind.
Um einem Befall durch die Kohlhernie vorzubeugen, sollte bei Kohl eine Anbaupause von mindestens vier Jahren unbedingt eingehalten werden. Anzuchtflächen, Substrate und Werkzeuge sollten so gereinigt oder behandelt werden, dass sie erregerfrei sind. Dazu gehört auch, die Anzuchterde zu dämpfen. Nach einem Befall durch die Kohlhernie ist auf den betroffenen Flächen für mindestens sieben Jahre der Anbau jeder Kreuzblütlerarten zu unterbrechen.

Die Gattung *Brassica*, eine formenreiche Gemüsekultur

In der Gattung *Brassica* gibt es kaum ein Pflanzenteil, das nicht züchterisch bearbeitet wurde: die Blätter, die Wurzeln, die Terminalknospe, der Stängel oder der Blütenstand. Dadurch ist eine sehr formenreiche Gemüsekultur mit einer Vielzahl an Sorten und Nutzungsformen entstanden.

Als Blattkohl bezeichnet man mehrere Kohlarten, die keinen Kopf bilden. Die essbaren Blätter wachsen an hoch- bis niedrigwüchsigen Stängeln oder in Rosetten/Büscheln. Die Blätter sind verschieden stark gekraust, glatt, ganzrandig oder geschlitzt. Die verschiedenen Arten und Sorten unterscheiden sich grundlegend in Blattfärbung, Frosthärte und Wuchs. Erntet man den Blattkohl nur blattweise oder nur die obere Rosette, sodass die Strünke weiter stehen bleiben, können die Strünke im Frühjahr noch einmal austreiben und bieten eine frühe Erntemöglichkeit für zarte Blätter. In Büscheln oder Rosetten wachsende Blattkohlarten treiben neu aus, wenn man die Herzblätter stehen lässt und nur die äußeren Blätter pflückt.

Als Kopfkohl bezeichnet man die Arten, deren Blätter an einem kurzen, stark gestauchten Haupttrieb einen meist festen, manchmal auch eher losen Kopf bilden. Entwickelt haben sich die Kopfkohlarten aus Blattkohlen mit nach innen wachsenden Blättern um 1000 n. Chr. Die Sorten unterscheiden sich hinsichtlich ihrer Kopfform, ihrer Entwicklungszeit, der Lagerfähigkeit oder der Festigkeit der Köpfe. Bis auf den Wirsing und den Butterkohl sind die Kopfkohlarten nach der Bildung ihrer Köpfe nicht mehr in der Lage, niedrige Temperaturen unbeschadet zu überstehen.

Beim Blütengemüse, wie zum Beispiel Blumenkohl, Brokkoli oder China-Brokkoli, werden die noch nicht vollständig entwickelten Blütenstände verwendet. Während beim Brokkoli und beim China-Brokkoli die Knospen deutlich erkennbar sind, bestehen die in einem Kopf zusammenstehenden Blütensprossen beim Blumenkohl aus fleischig verdickten Knospenanlagen. Brokkoli und Blumenkohl sind nach der Bildung ihrer Blumen frostempfindlich. Die Blumen von Brokkoli und Blumenkohl können verschiedene Farben haben: Brokkoli gibt es typischerweise in Grün, aber auch in Violett oder Weiß.

Blumenkohl, dessen Blumen in den meisten Fällen weiß oder cremefarben sind, kann je nach Sorte auch orange, violette oder grüne Blumen bilden.
Kohlrabi und Markstammkohl werden wegen ihrer verdickten oberirdischen Sprossachse genutzt. Bei Kohlrabi ist im Gegensatz zum Markstammkohl der Hauptspross nicht nur verdickt, sondern auch sehr stark gestaucht.
Rosenkohl hat einen besonders hochwachsenden Hauptspross mit vielen gestauchten Seitensprossen, die verwendet werden.
Zu der Gattung *Brassica* gehören auch einige Kulturen, die wegen ihrer verdickten Wurzeln und des verdickten Hypokotyls angebaut werden. Hierzu gehören die Kohlrübe und die Speiserüben.

Hypokotyl

Abschnitt zwischen dem Wurzelhals und den Keimblättern.

> Im Uhrzeigersinn: Spitzkohl 'Eersteling', Rotkohl 'Granat', Wirsing 'Eisenkopf', 'Dauerwirsing Langedijská'

Brassica oleracea

Nutzung der Blätter

Ewiger Kohl, Baumkohl, Strauchkohl

Brassica oleracea var. *ramosa*

Der Ewige Kohl ist eine Besonderheit unter den verschiedenen Kohlarten. Denn beim Ewigen Kohl handelt sich um eine mehrjährige Art, die an der Basis verholzende Büsche bildet. Das ewige Leben hat dieser Kohl dennoch nicht: Nach einigen Jahren passiert es häufig, dass die Pflanzen absterben. Vermehren lässt sich der Ewige Kohl nur durch Stecklinge, da er nur sehr selten blüht und keine fruchtbaren Samen ausbildet. Mit Kälte kommt dieser Kohl gut zurecht, er leidet eher unter sommerlicher Hitze. Nur zu große Schneemassen können dazu führen, dass Triebe des Kohls abbrechen. Der Ewige Kohl hat einen Platzbedarf von mindestens 1 m^2 je Pflanze und braucht als Starkzehrer eine regelmäßige Versorgung mit organischem Dünger wie Kompost oder Brennnesseljauche. Die Pflanzen sind wintergrün und können ganzjährig beerntet werden. Die Blätter schmecken ähnlich wie Weißkohl oder Spitzkohl.

< Drei mehrjährige Kohlarten

Sorten

Daubenton's Green: Der Ewige Kohl 'Daubenton's Green' bildet 1,50 m hoch werdende, sich stark verzweigende Pflanzen mit großen, hellgrünen, ungekrausten und nur leicht gewellten Blättern. Es empfiehlt sich ein vollsonniger Standort mit einem nährstoffreichen Boden. Die Pflanzen sind bis –15 Grad Celsius frostfest. Dieser Kohl kann unter guten Bedingungen über 4 Jahre alt werden.

Daubenton Variegated Panaché: 'Daubenton Variegated Panaché' ist eine panaschierte Variante des Ewigen Kohls. Die 90 cm hoch werdenden, stark verzweigten Pflanzen mit großen, hellgrünen Blättern und weiß gemusterten Blatträndern sind ein absoluter Hingucker im Beet. Die Blätter sind ungekraust, höchstens leicht gewellt und ganzrandig.

^ 'Daubenton's Green' und 'Daubenton Variegated Panaché'

> 'Daubenton Variegated Panaché' hat weiß gemusterte Blattränder.

Grünkohl, Krauskohl, Winterkrauskohl

Brassica oleracea var. *sabellica*

Grünkohl ist der Klassiker schlechthin, wenn es um Wintergemüse geht. Zu Recht, denn der Grünkohl gehört zu den kältetolerantesten Gemüsekulturen. Ganz ohne den Schutz durch ein Frühbeet, Gewächshaus oder Folientunnel können einige Grünkohlsorten Temperaturen von bis zu –15 Grad Celsius ohne Schaden überstehen.

Ausgesät wird der Grünkohl bis Mai, durch eine frühere Aussaat sind die Pflanzen im Spätherbst schon deutlich größer. Die Jungpflanzen werden von Juni bis Anfang August in die Freilandbeete gepflanzt.

Der Pflanzabstand ist sortenabhängig. Große Sorten brauchen Pflanzabstände von bis zu 50 × 50 cm, kleinere Sorten einen Abstand von 30 × 30 cm.

Beerntet werden die Grünkohlpflanzen blattweise von unten nach oben, alternativ kann auch die komplette Blattmasse einer Pflanze auf einmal geerntet werden. Durch regelmäßiges Abernten der unteren Blätter («Entblättern») im Sommer wird das Längenwachstum des Haupttriebs gefördert und die Grünkohlpflanzen entwickeln sich palmenartig. Im Frühling (Februar/März) des zweiten Jahres treiben an den Blattansätzen kleine Seitentriebe aus. Diese Mini-Palmen, die in alten Gartenbüchern «Kohl-Keimchen» genannt werden, lassen sich genauso verwenden wie Flower Sprouts und sind besonders zart und süß. Viele der vor allem hochstämmigen alten Grünkohlsorten sind für den gewerblichen Grünkohlanbau ungeeignet. Die Erntemaschinen können die hohen und ungleichmäßig hochwachsenden alten (Land-)Sorten nicht beernten, der erhöhte Arbeitsaufwand bei geringeren Erträgen macht viele alte Grünkohlsorten unattraktiv für die kommerzielle Nutzung. Der Fortbestand vieler dieser Sorten ist einzelnen Erhaltern und Initiativen zu verdanken.

< Halbhoher Grüner Krauser

Sorten

Altmärker Braunkohl: Der 'Altmärker Braunkohl' ist eine historische Regionalsorte aus Sachsen-Anhalt mit rotbraun-violetten Blättern und violett gefärbten Blattstielen. Die Blätter dieser Sorte neigen zum Vergilben: Die älteren Blätter am unteren Teil des Stängels werden früher als bei anderen Sorten gelb und fallen ab. Nach dem ersten Frost intensiviert sich die Violettfärbung dieser Sorte. Diese Sorte wächst nicht sehr aufrecht und neigt sich gern über den Boden. Möchte man das verhindern, sollte man die Kohlstauden frühzeitig an einen Stützpfahl anbinden. Die Pflanzen erreichen eine Höhe von 1,20 m bis 1,70 m. Der Altmärker Braunkohl zeichnet sich durch eine gute Leistungsfähigkeit auch bei geringer Nährstoff- und Wasserversorgung aus. Beim Kochen verliert sich die violette Farbe jedoch.
Diese Sorte ist nicht homogen, immer wieder gibt es grüne «Ausreißer» und auch in der Höhe können sich die Pflanzen sehr unterscheiden. Möchte man diese Sorte weiter vermehren, kann man schon im Jungpflanzenstadium die grün gefärbten Jungpflanzen ausselektieren oder nur die violetten Pflanzen zur Samengewinnung blühen lassen.

Casper: Ein weiß geschecktel Grünkohl ist die Sorte 'Casper'. Die Blätter sind jung noch vollständig grün, stark gekräuselt und haben weiße Blattstiele und Blattnerven. Die weiße Färbung entwickelt sich erst durch einen Kältereiz. Die Wuchshöhe dieser Sorte beträgt 60–80 cm.

Emerald Ice: 'Emerald Ice' ist ein bis zu 90 cm hoch werdender Grünkohl mit grün-weißen, vor allem am Rand gekrausten Blättern. Die Blätter in der Mitte der Blattrosette haben einen besonders hohen Weißanteil. Diese Sorte hat eine gute Frostfestigkeit.

Halbhoher Grüner Krauser: Die Sorte 'Halbhoher Grüner Krauser' ist eine typische, sehr homogene Standardgrünkohlsorte mit fein gekrausten, dunkelgrünen Blättern und einer Frostfestigkeit von bis zu –10 Grad Celsius. Die Pflanzen erreichen eine Höhe von 40 bis 90 cm. Diese Sorte neigt nicht zum Vergilben, auch die älteren Blätter weiter unten am Strunk bleiben sehr lange grün.

Halbhoher Grüner Mooskrauser: Diese Sorte zeichnet sich durch fein gekrauste und dunkelgrüne Blätter aus. Die Pflanzen werden 50–90 cm hoch und sind sehr frostfest.

Halbhoher Moosbacher Winter Hellgrüner: Die Grünkohlsorte 'Halbhoher Moosbacher Winter Hellgrüner' ist seit 1972 beim IPK Gatersleben archiviert. Als Ursprungsland wird die DDR angegeben. Die Pflanzen haben auffällig hellgrüne und am Blattrand stark gekrauste Blätter mit besonders hellen Blattstielen und Blattnerven. Diese Sorte ist sehr winterfest.

^ Altmärker Braunkohl

> Emerald Ice

Holter Palme: Die 'Holter Palme' ist eine alte Landsorte aus der kleinen Gemeinde Holte bei Leer, Ostfriesland. Die Pflanzen können eine Höhe von 1,10 m erreichen. Die Blätter sind hellgrün und fein gekraust.

Husar: Bei der Sorte 'Husar' handelt es sich um eine osteuropäische Sorte mit hellgrünen, stark gekräuselten Blättern. Die 40–60 cm hohen Pflanzen wachsen sehr kompakt und haben eine sehr hohe Frostfestigkeit.

Krasnaja Kurcavaja Vysokaja, Hoher Roter Krauser: Die Sorte 'Krasnaja Kurcavaja Vysokaja' ist eine 0,80 m bis 1,50 m hoch werdende Sorte mit besonders dunkelvioletten, gekrausten Blättern und violetten Blattnerven. Die Standfestigkeit dieser Sorte ist abhängig davon, wie groß die Pflanzen werden. Besonders hohe Pflanzen können von einer Stütze profitieren. Die Frostfestigkeit ist sehr gut. Diese alte Landsorte soll ursprünglich aus St. Petersburg stammen. Beim Kochen verliert sich die dunkelviolette Farbe.

Lerchenzunge, Hamburger Palme: Die 'Lerchenzunge' ist mit 80–100 cm eine mittelhoch werdende historische Sorte. Sie hat auffallend lange und schmale grüne Blätter, die stark gekraust sind. Sie zeichnet sich durch eine besonders gute Frostfestigkeit aus. Die Lerchenzungen gehören zu einigen wenigen Gemüsesorten, die die Zusatzbezeichnung 'Hamburger Markt' tragen. Diese Zusatzbezeichnung war eine Auszeichnung für besonders gute Sorten, welche etwa ab 1885 für die Hamburger Küche, die in dieser Zeit einen besonders guten Ruf genoss, empfohlen wurde.

Lippischer Braunkohl: Der 'Lippische Braunkohl' wird auch 'Lippische Palme' oder wegen der Verwendung als Viehfutter «Ziegenkohl» genannt. Während im ganzen Sommer und Herbst die älteren Blätter für Kleinvieh geerntet werden können, werden die Schöpfe im Winter in der Küche verwendet. Die hochstämmige Sorte aus Ostwestfalen-Lippe kann eine Höhe

^ Lerchenzunge

> Lippischer Braunkohl

von 1,80 m erreichen. Der Blattstiel ist violett, die Blätter sind stark gekraust und rötlich violett. Bei der 'Lippischen Palme' handelt es sich um eine frostfeste Sorte. Beim Kochen verliert sich die rötlich violette Farbe. Diese geschichtsträchtige Sorte ist schon seit 1626 nachgewiesen. Sie wurde 2018 zum «Passagier» der «Arche des Geschmacks» von Slow Food ernannt.

Midnight Sun: Die Sorte 'Midnight Sun' ist ein besonders attraktiver Grünkohl mit violetten Blättern und grünen, gekräuselten Blatträndern. Die Blattnerven und Blattstiele sind auffallend rosa. Die Pflanzen erreichen eine Wuchshöhe von 90 cm und sind sehr frostfest.

Niedriger Grüner Feinstgekrauster: Der 'Niedrige Grüne Feinstgekrauste' ist ein Winzling unter den Grünkohlsorten. Diese Sorte wird nur 15–20 cm hoch und hat dunkelgrüne, fein gekrauste Blätter. Da diese Grünkohlsorte so niedrig bleibt, ist sie besonders geeignet für den Anbau in Töpfen und ein Geheimtipp für den Balkongarten. Wie alle niedrigen Grünkohlsorten ist diese Sorte besonders frosthart.

Niedriger Grüner Krauser: Die Grünkohlsorte 'Niedriger Grüner Krauser' ist mit einer Wuchshöhe von 15 bis 20 cm eine kleinbleibende, aber sehr ertragreiche Sorte und eignet sich sehr gut für den Anbau in Kübeln. Die Pflanzen haben stark gekrauste, dunkelgrüne Blätter mit besonders starken Mittelrippen. Wie alle niedrigen Grünkohlsorten ist diese Sorte besonders frosthart.

Ostfriesische Palme: Die Grünkohlsorte 'Ostfriesische Palme' ist eine alte norddeutsche Landsorte mit grünen, gekrausten Blättern. Die Pflanzen werden bis zu 1,80 m hoch und haben eine gute Standfestigkeit. Die dicken Stiele dieser Sorte können geschält wie Kohlrabi verwendet werden. Die älteren Blätter am unteren Teil des Stängels wurden vor allem als Viehfutter verwendet. Diese Sorte ist sehr frostfest.

^ Midnight Sun

Pentland Brig: Bei der Grünkohlsorte 'Pentland Brig' handelt es sich um eine neue und besonders wüchsige, englische Sorte. Die Pflanzen haben lange und breite Blätter mit leicht gekräuselten Rändern. Diese Sorte hat nur eine mittlere Frosthärte. Nach dem Winter bilden sich viele Seitentriebe aus, die eine Vielzahl an Blütentrieben bilden. Diese können wie Brokkoliröschen verwendet werden. Diese Sorte entwickelt schon vor dem ersten Frost ein zartes Aroma und kann ganzjährig beerntet werden.

Rote Palme: Die 'Rote Palme' ist eine aus alten Sorten gekreuzte Neuzüchtung. Die 1,80 m hoch werdenden Pflanzen zeichnen sich durch eine gute Standfestigkeit aus. Die Blätter sind mittelstark gekräuselt, rotbraun-grün. Durch niedrige Temperaturen verstärkt sich die rotbraune Färbung. Beim Kochen verliert sich die rotbraune Farbe.

Roter Krauskohl: Der violette Grünkohl 'Roter Krauskohl' ist mit einer Höhe von 80 cm eine halbhoch wachsende rotviolette Sorte mit großen Blättern, die mittelstark gekräuselt sind. Diese Sorte ist ebenfalls eine Neuzüchtung aus alten Sorten. Sie hat eine mittlere Frostfestigkeit. Beim Kochen verliert sich die rotviolette Farbe jedoch.

< Scarlet

^ Vates Blue Curled Scotch

Scarlet: Die Grünkohlsorte 'Scarlet' ist eine alte Sorte aus Osteuropa mit gekrausten und besonders dunkelvioletten Blättern. Die Pflanzen werden 80 bis 100 cm hoch. 'Scarlet' hat eine gute Kältetoleranz. Auch bei dieser Sorte verliert sich die violette Farbe beim Kochen.

Vates Blue Curled Scotch: 'Vates Blue Curled Scotch' ist eine kompakte, nur 30–40 cm hoch werdende schottische Sorte mit blaugrauen und mittelstark gekrausten Blättern. Diese Sorte ist bei Temperaturen bis –10 Grad Celsius frostfest und fängt besonders spät an, in Blüte zu gehen.

Vitessa: Die Grünkohlsorte 'Vitessa' ist eine mittelhoch wachsende Sorte mit einer Höhe von 40 bis 50 cm. Die Kräuselung der grünen Blätter ist mittel bis fein. Die Sorte wächst sehr kompakt und ist sehr standfest. Temperaturen bis –8 Grad Celsius kann diese Sorte problemlos ertragen.

Weißgescheckter: Die Grünkohlsorte 'Weißgescheckter' ist eine Sorte, die seit 1965 beim IPK Gatersleben archiviert ist. Diese Sorte bleibt mit einer Höhe von ungefähr 30–50 cm eher niedrig. Besonders auffällig sind die Pflanzen durch die stark ausgeprägten weißen Blattanteile. Dabei hat das Herz der Grünkohlpflanze tendenziell einen höheren Weißanteil. Die Weißfärbung der Blätter ist schon bei den Jungpflanzen zu sehen, besonders intensiv wird sie jedoch erst bei ausgewachsenen Pflanzen, die niedrigen Temperaturen aus-

gesetzt waren. Die Blätter sind nur leicht und vor allem am Blattrand gekraust. Der 'Weißgescheckte' ist eine besonders frostfeste Grünkohlsorte.

Westländer Winter, Westlandse Winter: Eine weitere besonders weit verbreitete Grünkohlsorte ist der 'Westländer Winter'. Es ist eine bis zu 1 m hoch werdende, halbhohe und sehr einheitliche Sorte. Die Blätter sind dunkelgrün und stark gekraust. Diese Sorte ist sehr frosthart.

Arche des Geschmacks

Die «Arche des Geschmacks» ist ein Projekt der Slow Food Stiftung für Biodiversität. Ziel ist es, regional bedeutsame Lebensmittel, Kulturpflanzen, Nutztierarten oder kulturelle Zubereitungsarten, die heutzutage unrentabel geworden sind, zu erhalten. Um in die «Arche des Geschmacks» aufgenommen zu werden, müssen die Passagiere folgende Kriterien erfüllen: Sie müssen in ihrer Existenz bedroht sein, in vermarktbaren Mengen erzeugt werden, mit einem Gebiet und dessen kulturellem Gedächtnis verbunden sein und einen charakteristischen Geschmack mit klarem Bezug zu lokalen Traditionen und Nutzungsweisen aufweisen.

^ Weißgescheckter

> Westländer Winter

Helgoländer Wildkohl, Klippenkohl

Brassica oleracea var. *oleracea*

Der Helgoländer Wildkohl gilt als Urform vieler unserer heutigen Gemüsekohlsorten. An den Atlantikküsten von Europa wächst er auf Felsen im Schotter. Auf Helgoland befindet sich das einzige wilde Vorkommen des Klippenkohls in Deutschland, dort stehen die Pflanzen unter Naturschutz. In seiner natürlichen Umgebung, die nährstoffarm und steinig ist, wächst der Helgoländer Wildkohl nur sehr langsam und bleibt mit einer Höhe von 0,50 m eine kleine Pflanze. In nährstoffreicher Gartenerde entwickelt sich der Helgoländer Wildkohl zu großen, stattlichen Pflanzen. Die Blätter sind groß, gewellt und dunkelgrün, häufig abwischbar blau bereift und mit violetten, starken Blattnerven.

Dieser Kohl ist zwei- bis mehrjährig. Ab dem zweiten Jahr bilden die völlig winterharten Pflanzen bis zu 1,50 m hohe Blütenstände.

Der Helgoländer Wildkohl kann ganzjährig beerntet werden. Größere Blätter können wie Weißkohl- oder Wirsingblätter verwendet werden, junge Blätter sind besonders zart. Die noch nicht aufgeblühten Knospen der Blütentriebe lassen sich wie kleine Brokkoliröschen verarbeiten.

Gesät wird der Helgoländer Wildkohl ab März in Vorkultur oder ab Mitte April bis Juni im Freiland. Der Pflanzabstand sollte 80 × 80 cm betragen.

Palmkohl, Schwarzkohl

Brassica oleracea var. *palmifolia*

Der Palmkohl stammt kulturhistorisch vermutlich aus Italien und ist empfindlicher gegenüber niedrigen Temperaturen als der Grünkohl. Bei Temperaturen unter –5 Grad Celsius oder Dauerfrost sterben die Pflanzen ab oder faulen. Wenn man den Palmkohl nicht nur bis zum Wintereinbruch verwenden möchte, ist es sinnvoll, ihn durch Abdeckungen aus Vlies oder mit mobilen Tunneln zu schützen.

Gesät wird der Palmkohl im Glashaus oder Frühbeet ab März, nach sechs bis acht Wochen werden die Jungpflanzen ins Beet verpflanzt. Alternativ kann man den Palmkohl ab Mai bis Anfang Juli direkt im Freiland säen. Die Pflanzen brauchen einen Pflanzabstand von 40 × 40 cm. Im zweiten Jahr verzweigen sich die Palmkohlpflanzen und nehmen noch mehr Platz ein.

Geerntet werden kann der Palmkohl, wenn die Blätter die für die Ernte gewünschte Größe erreicht haben. Im Gegensatz zum Grünkohl braucht der Palmkohl keine Fröste um schmackhafter zu werden, Palmkohl kann dadurch das ganze Jahr über geerntet werden. Im Geschmack ist der Palmkohl milder als der Grünkohl und die Blätter fallen beim Kochen weniger zusammen.

< Nero di Toscana

Sorten

Black Magic: Der Palmkohl 'Black Magic' ist kompakter und hat schmalere Blätter als die Sorte 'Nero di Toscana' und ist außerdem auch etwas frostbeständiger. Diese Sorte hat schwarzblaue, stark blasige und glattrandige Blätter.

Dazzling Blue: Der Palmkohl 'Dazzling Blue' ist mit seinen rauchblauen bis grünblauen Blättern und den auffällig violetten Blattnerven ein richtiger Blickfang in jedem Beet und unterscheidet sich farblich sehr stark von den anderen Palmkohlsorten. Diese von Hank Keogh (Avoca Farms, Oregon) gezüchtete Sorte zeichnet sich durch eine besonders hohe Frostfestigkeit im Vergleich zu anderen Palmkohlsorten aus. Kälteeinwirkung verstärkt die Blaufärbung der Blätter und die Violettfärbung der Blattnerven.

Negro Romano: Der Palmkohl 'Negro Romano' wurde schon im «Album Benary» von 1876 aufgeführt. Die Pflanzen haben blaugrüne, blasige Blätter und eine Wuchshöhe von 1 m.

^ Black Magic

> Dazzling Blue

> > Negro Romano

Album Benary

Das «Album Benary» ist eine gartenhistorische Bilddokumentation von Gemüsesorten, die zwischen 1876 und 1893 erschien. Herausgegeben wurden die prachtvollen Bildtafeln von der Firma Ernst Benary in Erfurt. Abgebildet ist eine beeindruckende Sortenvielfalt der zu jener Zeit in Deutschland kultivierten Gemüse.

ALBUM BENARY.

Tab. I. 1876.

Kraute oder Kopfkohle.

¼ natürliche Grösse.

1. Holländisches, grosses blutrothes.
2. Erfurter, blutrothes festes frühestes Salat-.
3. Schweinfurter, frühes sehr grosses.
4. Erfurter, weisses kleines festes frühes.
5. Winnigstädter, weisses spitzes.
6. Braunschweiger, grösstes glattes weisses.

Cabbages.

¼ natural Size.

1. Large Blood Red Dutch.
2. Earliest Solid Blood Red Erfurt.
3. Very Large Early Schweinfurt.
4. Small Early Solid White Erfurt.
5. White (Sugar-loaf) Winnigstadt.
6. Largest White Brunswick.

Choux pommés ou Cabus.

¼ grandeur naturelle.

1. Rouge gros de Hollande.
2. Rouge foncé hâtif d'Erfurt.
3. De Schweinfurt.
4. Petit hâtif d'Erfurt.
5. Pointu de Winnigstadt.
6. Gros plat de Brunswick.

Капуста кочанная.

[illegible]

Nero di Toscana: Die Palmkohlsorte 'Nero di Toscana' ist wohl die bekannteste Palmkohlsorte. Die Pflanzen haben grünblaue, blasige Blätter und können eine Wuchshöhe von bis zu 2 m erreichen. Unter guten Bedingungen können die Blätter bis zu 60–80 cm lang werden. Blüht erst im dritten Jahr. Wenn dieser Palmkohl die Winter übersteht, verzweigt er sich über die Jahre immer weiter.

Old Growth Palm: Die Sorte 'Old Growth Palm' hat dunkelgrüne, stark blasige und ganzrandige Blätter. Die Pflanzen werden bis zu 1 m hoch. Diese Sorte fängt besonders spät an zu blühen.

^ Nero di Toscana

> Old Growth Palm

Zierkohl

Brassica oleracea var. *acephala*

Der Zierkohl wurde vor allem als Zierpflanze für die Spätsommer- und Herbstfloristik gezüchtet. Dabei ist der Zierkohl auch als Blattkohl im Gemüsegarten ein echter Geheimtipp. Durch den niedrigen Glukosinolatgehalt hat der Zierkohl einen besonders milden Geschmack und ist dadurch besonders bekömmlich. Die Frostfestigkeit unterscheidet sich sehr stark zwischen den verschiedenen Sorten. Grob kann man sagen, dass Zierkohl, der Köpfe oder Röschen bildet, empfindlicher auf Fröste reagiert als solche mit offener Blattrosette.

Gesät wird der Zierkohl ab Mai und bis Juli. Im August sollten die Jungpflanzen ins Beet oder die Töpfe gepflanzt werden.

Der Pflanzabstand ist sortenabhängig. Sorten mit kleinen Blattrosetten brauchen nur einen Abstand von 25 × 25 cm. Größere Sorten brauchen mehr Platz.

Durch Pinzieren (entfernen der Wachstumsspitze) verzweigen sich die Pflanzen und bilden viele Seitentriebe. Diese bilden zwar kleinere Rosetten, dafür aber zahlreicher.

Als Zierpflanzen gekaufte Kohlpflanzen sollten aufgrund einer möglichen Pestizidbehandlung nicht verzehrt werden.

< 'Peacock F1', violette Form

Sorten

Crane F1: Die Zierkohlsorte 'Crane F1' bildet offene Blattrosetten in den Farben Weiß-Rosa-Grün oder Grün-Violett. Niedrige Temperaturen um den Gefrierpunkt lassen die Farben besonders stark werden, aber tiefere Temperaturen und Schnee wirken sich negativ aus: Die Blattrosetten erfrieren teilweise oder komplett.

Feather Queen F1, Feather King F1: Zwei sich nur durch die Färbung unterscheidende Zierkohlsorten mit langstieligen, palmenartigen Pflanzen. Die geschlitzten Blätter sind bei der Sorte 'Feather Queen F1' violett mit grünen Außenblättern, 'Feather King F1' hat eine rosa Mitte, mit cremeweißen Blättern ringsherum und ebenfalls grünen Außenblättern. Auch diese beiden Sorten eignen sich besonders gut als «Schnittblume».

Nagoya F1: Die Zierkohlsorte 'Nagoya F1' hat offene Blattrosetten mit einem Durchmesser von bis zu 40 cm aus stark gekräuselten Blättern. Die äußeren Blätter sind grün, die Blätter in der Mitte der Rosette können cremeweiß, rosa oder violett sein. Niedrige Temperaturen um den Gefrierpunkt lassen die Farben besonders stark werden, Temperaturen unter –5 Grad Celsius und Schnee lassen die Blätter braun und matschig werden.

Osaka F1: Die Sorte 'Osaka F1' zeichnet sich durch eine offene Blattrosette mit gewellten und nur sehr leicht gekrausten Blättern aus. Die Mitte der Blattrosette ist rosa, violett oder weiß und die Außenblätter sind grün.

^ Crane F1

> Nagoya F1

Peacock F1: Den Zierkohl 'Peacock F1' gibt es als violette und als weiße Form. Die Pflanzen wachsen palmenförmig und haben einen offenen Wuchs. Die Stängel sind kräftig und werden bis zu 50 cm hoch. Die Blätter sind entweder weiß oder violett, tief eingekerbt und fein gezähnt, die Außenblätter sind grün oder violett-grün. Diese Sorte ist für einen Zierkohl äußerst frostfest und kann mit etwas Schutz auch schneereiche Winter gut überstehen. Durch die Kälte wird die violette Variante besonders farbintensiv. Durch den besonders langen Stiel eignet sich diese Sorte auch ausgesprochen gut als «Schnittblume».

Pigeon F1: 'Pigeon F1' hat offene Blattrosetten mit leicht gewellten, ganzrandigen Blättern. Die äußeren Blätter sind grün, die Blätter in der Mitte der Rosette können cremeweiß, rosa oder violett sein.

^ 'Peacock F1', weiße Form

> Pigeon F1

Brassica oleracea

Nutzung der Blütenanlagen, der Knospen

Blumenkohl

Brassica oleracea convar. *botrytis* var. *botrytis*

Beim Blumenkohl ist der Blütenstand das Nutzungsorgan. Die Blume besteht aus den fleischig verdickten Knospenanlagen.

Ab Mitte des 16. Jahrhunderts wurde der Blumenkohl auch in Europa angebaut. Erfurt wurde im 17. und 18. Jahrhundert für seine Blumenkohlzüchtungen sogar weltbekannt.

Blumenkohl gibt es mit den Blumenfarben Orange, Violett, Grün und Weiß. Marktbestimmend ist heute noch der weiße Blumenkohl, die farbigen Varianten sind aber ein besonderes Highlight im Garten.

Von allen Kohlarten hat der Blumenkohl den höchsten Wasserbedarf. Deswegen ist es besonders wichtig, dass er während der Wachstumszeit regelmäßig gegossen wird.

Blumenkohlsorten mit weißen Blumen müssen gedeckt werden. Das bedeutet, dass die Blumen vor Sonneneinstrahlung geschützt werden müssen, weil sie sonst nicht weiß bleiben würden, sondern sich schmutzig lila oder gelb färben. Dafür knickt man die inneren Blätter über die Blume. Wem das Abdecken per Hand zu aufwendig ist, kann auf selbstdeckende Sorten zurückgreifen. Diese Sorten entfalten ihre Laubblätter nicht komplett, stattdessen bedecken sie die Blume und schützen sie so selbst vor Sonneneinstrahlung.

Die geernteten Blumen sind bei kühler Lagerung einige Tage haltbar. Möchte man Blumenkohl länger lagern, zieht man die Pflanzen mit den Wurzeln aus der Erde, entfernt die unteren Blätter und hängt ihn kopfüber auf. Der Ort der Lagerung sollte kühl und dunkel sein. So ist der Blumenkohl dann einige Wochen lagerfähig.

< Verde di Macerata

Gesät werden frühe Blumenkohlsorten ab Februar für eine Pflanzung von März bis April für die Ernte ab Juni. Späte Blumenkohlsorten werden von März bis Mai für eine Pflanzung von Juni bis Mitte August gesät. Diese Sorten können von September an bis zu den ersten Frösten geerntet werden.
Frühe Sorten werden mit einem Pflanzabstand von 50 × 50 cm gepflanzt, Sorten für die Herbsternte werden größer und brauchen einen Pflanzabstand von 60 × 60 cm.

Sorten

Amabile: Eine sehr frühe Sorte mit weißen, festen Blumen. Das Umblatt ist graugrün und stark gewellt.

Chinese Sweet Sprouting (F1): Diese ertragreiche Sorte ist ein Sprossenblumenkohl. Anstelle einer großen Blume bilden die Pflanzen eine Vielzahl kleiner Blumen. Die Pflanzen werden bis zu 50 cm hoch und 60 cm breit.

Di Sicilia Violetto: Eine frühe Sorte mit großen, runden Blumen. Die Blumen sind violett gefärbt.

Erfurter Zwerg: Eine sehr alte Züchtung von Haage und Schmidt aus Erfurt. Sie steht auf der Roten Liste der gefährdeten einheimischen Nutzpflanzen in Deutschland (2010). Die Blumen sind groß, fest und weiß. Bewährte Sorte für den frühen Anbau unter Glas oder Folie und für den Freilandanbau zur Herbsternte.

Neckarperle: Eine historische Sorte mit weißen Blumen. Sie ist für die frühe Ernte oder die Herbsternte, aber nicht für die Sommerernte geeignet. Die Sorte ist nicht selbstdeckend, hat aber kräftiges Laub, welches das Eindecken erleichtert.

Nuage: Eine späte bis mittelspäte Herbstsorte. Die Pflanzen werden sehr hoch und groß. Später bilden sie große, schwere und weiße Blumen. Die Sorte ist selbstdeckend.

Odysseus: Ein Blumenkohl mit weißer Blume, die eingedeckt werden muss. Die Pflanzen entwickeln sich schnell. Besonders geeignet für den Frühanbau im kalten Gewächshaus oder Folientunnel, den frühen Freilandanbau und den Herbstanbau.

Tabiro: Eine späte selbstdeckende Herbstsorte. Die Pflanzen sind wüchsig und widerstandsfähig, die Blumen cremefarben.

Verde di Macerata: Alte Sorte mit hellgrüner Blume, die auch nach dem Kochen ihre Farbe behält. Mittelfrühe Sorte, kann bis in den Winter hinein geerntet werden.

< Di Sicilia Violetto

Brokkoli

Brassica oleracea convar. *botrytis* var. *italica*

Der Brokkoli stammt aus dem Mittelmeerraum und wurde im 16. und 17. Jahrhundert in Europa bekannt.

Die Brokkoliblume ist der noch nicht aufgeblühte, gestauchte und noch im Knospenzustand befindliche Blütenstand der Brokkolipflanze. Im Gegensatz zu den fleischig verdickten Knospenanlagen des Blumenkohls sind die eng zusammenstehenden Knospen des Brokkolis voll ausgebildet.

Erntet man den «Hauptbrokkoli» des starken Hauptsprosses, bildet die Pflanze viele Seitentriebe mit kleineren Blumen. Neben den Sorten, die darauf gezüchtet wurden, einen starken Hauptspross mit entsprechend schwerer Blume (500–700 g) zu bilden, gibt es viele Sorten mit zahlreichen Seitentrieben und kleinköpfigen Brokkoliblumen, den sogenannten Sprossenbrokkoli. Neben den grünen Brokkoliblumen gibt es auch violette Sorten.

Brokkoli kann für die Ernte im Sommer oder im Winter gesät werden. Sommersorten werden im Frühjahr gesät und im selben Jahr geerntet. Die Voranzucht kann ab Februar beginnen, ab Ende März können die Pflanzen ins Freiland gepflanzt werden.

Wintersorten sind vor allem Sprossenbrokkolisorten. Der Sprossenbrokkoli ist um einiges frostfester und kann Temperaturen von –10 bis –15 Grad Celsius überstehen. Um sicherzugehen, dass die Pflanzen den Winter gut überstehen, können sie mit Vlies geschützt werden. Er wird später gesät, in Abhängigkeit der Sorte von April bis Anfang August. Die Pflanzen können im Winter oder im nächsten Frühjahr, je nach Sorte, von Dezember bis Anfang Mai beerntet werden.

Die meisten Sprossenbrokkolisorten bilden ihre Röschen erst nach der Überwinterung aus, nachdem sie einem Kältereiz ausgesetzt waren. Es gibt einige wenige Sorten, die schon im Sommer, ohne einen Kältereiz zu brauchen, die Blumen ausbilden.

Der Pflanzabstand für Brokkoli beträgt 50 × 50 cm.

Geerntet werden sollten die Blumen, wenn die Blütenknospen noch fest geschlossen sind und der Kopf noch kompakt und fest ist. Nach der Ernte sind die Brokkoliblumen nur wenige Tage lagerbar.

< Calabrese

Sorten

Burbank F1: 'Burbank F1' ist ein weißblumiger Sprossenbrokkoli. Diese Sorte wird von Mai bis Juni gesät und im nächsten Jahr von Februar bis März geerntet. Die Pflanzen werden 90 cm hoch und 50 cm breit und sind sehr ertragreich.

Calabrese: 'Calabrese' ist eine sehr frühreife Sorte, die nach der Ernte der Hauptblume viele Seitentriebe für die Sprossenbrokkoliernte bildet. Diese Brokkolisorte ist eine historische Sorte aus dem 19. Jahrhundert.

Calinaro: 'Calinaro' ist eine Brokkolisorte für den Herbstanbau. Die Pflanzen entwickeln sich schnell, sind niedrig wachsend und bilden große, schwere Blumen mit gröberen Knospen. Durch das lange Erntefenster ist diese Sorte besonders gut für den Hobbyanbau geeignet.

Cezar: Diese Sorte bildet eher kleinbleibende Pflanzen, die trotzdem große Blumen bilden. Die Blumen sind grün und leicht violett angehaucht. Nach der Ernte der Hauptblume bilden sich viele Nebenblumen. Die Sorte 'Cezar' eignet sich für die ganze Freilandsaison.

Early Purple Sprouting: Diese Sorte ist ein Sprossenbrokkoli, die Röschen können vom Ende des Winters bis zum Frühlingsanfang geerntet werden. Die Pflanzen werden 80–100 cm hoch und bis zu 60 cm breit, die Blumen haben eine violette Farbe.

Green Sprouting: 'Green Sprouting' ist eine Brokkolisorte, die eine Hauptblume bildet und nach deren Ernte sehr viele Seitentriebe mit kleinen Sprossenbrokkolis. Ernte von September bis November, die Pflanzen werden 60 cm hoch und 60 cm breit. Die Blumen sind grün. Saatzeit: April bis Juli.

Jets Verts: Diese Sorte ist eine sehr alte, grüne Brokkolisorte, die 1883 in «Les Plantes Potagères» von Vilmorin beschrieben wird. Die Pflanzen bilden einen Haupttrieb mit einer mittelgroßen Blume. Nach der Ernte der Hauptblüte können noch viele Seitentriebe mit kleineren Brokkoliblumen geerntet werden.

Jets Violets: 'Jets Violets' ist eine sehr alte, violette Brokkolisorte, die bereits 1883 in «Les Plantes Potagères» von Vilmorin beschrieben wird. Die Pflanzen bilden einen Hauptrieb mit einer mittelgroßen Blume. Nachdem die Hauptblüte geerntet wurde, können durch den ganzen Winter die Seitentriebe mit kleineren Brokkoliblumen geerntet werden.

Rasmus: 'Rasmus' ist eine mittelhoch wachsende Sorte mit großen und feinen Blumen. Diese Sorte bildet besonders stark Seitentriebe aus, nachdem die Hauptblume geerntet wurde und kann dann weiter als Sprossenbrokkoli beerntet werden.

Red Admiral: 'Red Admiral' ist ein Sprossenbrokkoli für die Winterernte. Die produktivste Zeit ist von Dezember bis Januar. Die Blumen können bis in den Frühling hinein geerntet werden. Die Pflanzen werden bis zu 1 m hoch und über 50 cm breit und produzieren eine große Anzahl von mittelgroßen Sprossenbrokkoliblumen.

Red Arrow: 'Red Arrow' ist ein Sprossenbrokkoli, der im April und Mai gesät und im nächsten Jahr im Februar und März geerntet wird. Die Pflanzen werden 1 m hoch und 60 cm breit und bilden eine Vielzahl violetter Sprossenbrokkolis. Diese Sorte ist besonders ertragreich.

^ 'Early Purple Sprouting' und 'Rudolph'

> Red Arrow

Rosalind: Diese Brokkolisorte bildet am Haupttrieb eine mittelgroße, violette Blume. Nach dem Schnitt dieser Hauptblume verzweigt sich die Pflanze sehr stark und lässt sich über einen langen Zeitraum weiter beernten.

Rudolph: Diese Sorte ist ein Sprossenbrokkoli für die besonders frühe Ernte. 'Rudolph' produziert eine große Anzahl kleiner, violetter Blumen, die von September bis Februar geerntet werden können. Die Kulturdauer beträgt 160 Tage.

Summer Purple: 'Summer Purple' ist ein Sprossenbrokkoli mit vielen kleinen, violetten Blumen. Diese Sorte wurde speziell für den Sommeranbau gezüchtet und braucht keinen Kältereiz, um Blumen zu bilden. Die voll entwickelten Pflanzen können eine Höhe von 90 cm erreichen. Gesät wird von März bis Juni, geerntet wird im gleichen Jahr von Juli bis November.

^ Rosalind

> Rudolph

China-Brokkoli, Gai Lan, Kai-Lan

Brassica oleracea var. *alboglabra*

China-Brokkoli ist eine asiatische Kohlart, bei der die Blätter, Blütenknospen und Stiele verwendet werden. Die Stängel und Blattstiele dieser Pflanzen sind besonders dickfleischig. Geerntet werden die kompletten Triebspitzen, sobald sich die Blütenknospen entwickelt haben. Allerdings können die Pflanzen auch in jeder anderen Entwicklungsphase geerntet werden.
Die Pflanzen können eine Höhe von 40 bis 100 cm erreichen. Die Blätter sind länglich oval und werden bis zu 10 cm lang.
Gesät wird der China-Brokkoli von April bis Juni. Ab Juli sollten die Pflanzen, wenn sie vorgezogen wurden, ins Beet gepflanzt werden. Der Pflanzabstand sollte 30 × 30 cm betragen.
Wenn die Pflanzen regelmäßig beerntet werden, wachsen die Triebe immer wieder nach. Bis weit in den Herbst hinein kann dann geerntet werden.
Es gibt China-Brokkoli mit weißen und mit gelben Blüten. Der gelbblütige China-Brokkoli ist eine neuere Züchtung als die weißblütige Variante.

Yod Fah: Sorte mit einer Entwicklungszeit von 55 Tagen. Sie stammt aus Thailand und hat eine besonders gute Hitzebeständigkeit. Die Blätter sind blaugrün, die Stängel sind dickfleischig und haben die Dicke einer Spargelstange. Weißblütige Sorte.

Romanesco

Brassica oleracea convar. *botrytis* var. *botrytis*

Eine Sonderform des Blumenkohls ist der Romanesco, der auch «Türmchenblumenkohl» genannt wird. Genau wie der Blumenkohl blüht auch der Romanesco schon im ersten Jahr, wenn die Blumen nicht rechtzeitig geerntet werden. Die Blume besteht aus fleischig verdickten Knospenanlagen.

Romanesco stammt ursprünglich aus dem Mittelmeerraum und wurde vor allem in der Gegend um Rom angebaut. Seit dem 16. Jahrhundert ist auch der Romanesco in Mitteleuropa verbreitet.

Der Romanesco ist auch ein eindrückliches Beispiel dafür, wie sich die Mathematik in der Natur findet. Ähnlich wie die Schuppen eines Kiefernzapfens folgt die spiralförmige Anordnung der Türmchen dem Fibonacci-Prinzip. Auch Fraktale lassen sich in der Blume erkennen, da jedes kleine Türmchen dieselbe Form hat wie der komplette Blütenstand.

Brassica oleracea

Nutzung der Köpfe

Butterkohl

Brassica oleracea spp. *capitata* convar. *costata*

Im Gegensatz zu den weitaus bekannteren Kopfkohlarten wie Rotkohl oder Weißkohl ist der Butterkohl nur lockerköpfig. Und während die Kopfkohlarten, mit Ausnahme der späten Wirsingsorten, nur leichte Minustemperaturen vertragen können, kann der Butterkohl auch −15 Grad Celsius überstehen.
Der Butterkohl kann entweder fortlaufend blattweise über das ganze Jahr von außen nach innen geerntet werden oder als kompletter Kopf. Die Blätter sind sehr groß, hellgrün und blasig. Durch niedrige Temperaturen verändert sich die Blattfarbe zu einem kräftigen Gelb oder einem zarten Orange und die Kopfbildung wird angeregt. Der lockere Kopf ist spitz zulaufend. Die Pflanzen erreichen bei guten Bedingungen einen Durchmesser von über einem Meter. Gesät wird der Butterkohl von März bis April, die Jungpflanzen werden in einem Abstand von 60 × 60 cm verpflanzt.
War der Butterkohl noch in der DDR gleichermaßen bekannt und beliebt, ist er jetzt im kommerziellen Anbau kaum zu finden und auch aus den Hausgärten fast verschwunden. Die lockeren Köpfe und die beschränkte Lagerfähigkeit der geernteten Pflanzen erschweren die maschinelle Ernte und die Verarbeitung. Im Lager verliert der Butterkohl deutlich an Geschmack und vor allem die äußeren Umblätter fangen schnell an zu welken.
Dafür ist der Butterkohl durch die bedarfsweise Einzelblatternte für Hausgärten von kleinen Haushalten besonders geeignet.

< Zarter Gelber

Sorten: Blumendahls Gelber Butterwirsing, Bloemendaalse Gele, Goldberg, Zarter Gelber

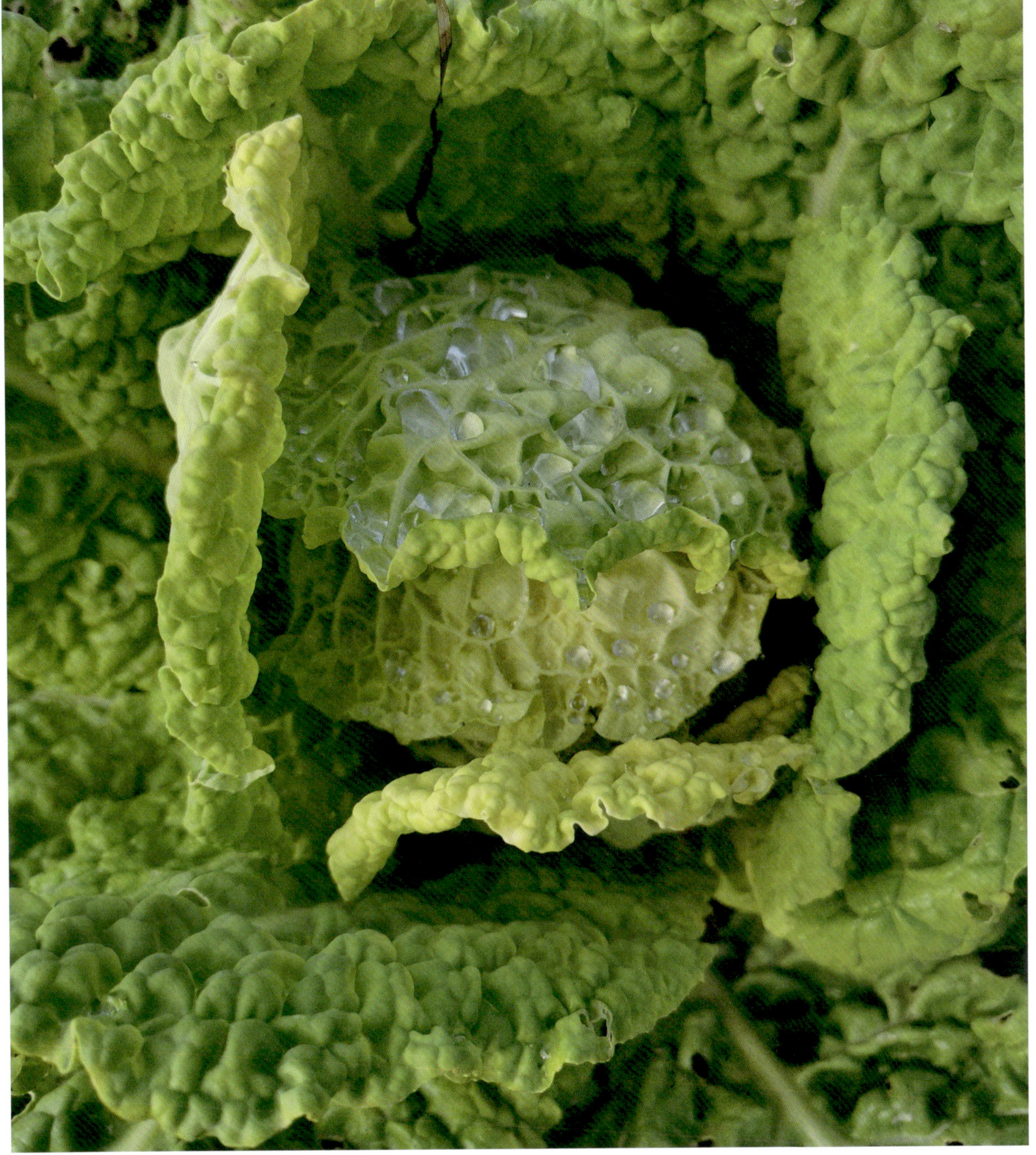

< Blumendahls Gelber ^ Zarter Gelber

Rotkohl, Blaukraut

Brassica oleracea convar. *capitata* var. *rubra*

Der Rotkohl ist eine besonders bekannte Kopfkohlart und eine in den Haus- und Kleingärten weit verbreitete Kultur. In Europa wird Rotkohl vermutlich seit dem Mittelalter angebaut.

Die Rotkohlpflanzen verändern abhängig vom pH-Wert des Bodens ihre Farbe: Auf basischen Böden sind sie eher bläulich, auf sauren Böden eher rot.

Der Zeitpunkt der Aussaat und der Ernte hängt vor allem davon ab, ob es sich um späte, mittlere oder frühe Rotkohlsorten handelt. Frühsorten werden von Februar bis Anfang März an frostfreien Orten gesät, Sommersorten und Herbstsorten werden im März oder April gesät. Gepflanzt werden die Jungpflanzen in einem Abstand von 50 × 50 cm.

Rotkohlpflanzen vertragen nur leichte Fröste.

< Im Uhrzeigersinn: Kalibos, Granat, Amarant

Sorten

Amarant: 'Amarant' ist ein früher, schnell wachsender Rotkohl, der für den Anbau als Frühsorte besonders geeignet ist, sich aber auch für den Herbstanbau eignet. Die Pflanzen sind sehr kurzstrunkig, mit runden, mittelgroßen Köpfen. 'Amarant' ist eine Sorte mit besonders starker Bereifung. Die Kohlköpfe haben ein mittleres Gewicht von 1,5 kg.

Dauerrot: 'Dauerrot' ist eine alte, anspruchsvolle Lagersorte mit sehr langer Entwicklungszeit. Die Köpfe sind mittelgroß und violett bis rotbraun. Diese Sorte hat sehr gute Lagereigenschaften (bis April).

Frührot: Der Rotkohl 'Frührot' ist eine Sorte, die auch mit nicht ganz optimalen Anbauverhältnissen zurechtkommt. Die Sorte hat eine kurze Entwicklungszeit und reift früh. Die Köpfe sind mittelgroß. Auch für Herbstpflanzungen geeignet.

Granat: Obwohl es sich bei der Sorte 'Granat' um eine schnell wachsende, frühe Sorte handelt, ist sie gut lagerfähig. Die Blätter sind bereift. Die Köpfe haben ein mittleres Kopfgewicht von 2 kg und neigen nicht zum Platzen. Diese Sorte ist für den Früh- und Herbstanbau geeignet.

Herbstrot: Die Pflanzen der Rotkohlsorte 'Herbstrot' haben eine lange Entwicklungszeit. Die Köpfe reifen mittelspät und werden mittelgroß. Es ist eine Herbstsorte, die bis zum Jahresende lagerfähig ist.

Kalibos: 'Kalibos' ist eine spitzköpfige Rotkohlsorte. Diese Lokalsorte stammt ursprünglich aus Tschechien. Das Umblatt ist grün-violett und sehr weit ausladend. Die Köpfe sind groß, spitz zulaufend, violettrot und sehr fest. Die Sorte ist eine Herbstsorte. Gut geeignet, um pinkes Sauerkraut herzustellen. Die Köpfe haben ein Gewicht von 2 bis 3 kg.

Langendijker Sommer: 'Langendijker Sommer' ist eine niederländische frühreife Sorte für die Ernte im Sommer aus der für den Kohlanbau bekannten Gemeinde Langedijk in Nordholland. Die Pflanzen bilden kompakte, hellviolette Köpfe.

Rodynda: Der Rotkohl 'Rodynda' ist eine langsam wachsende Sommersorte. Die Pflanzen sind wüchsig, haben einen kurzen Strunk und viele große Umblätter. Die Lagerfähigkeit ist mittelmäßig.

^ Amarant

> Granat

> > Kalibos

Weißkohl

Brassica oleracea convar. *capitata* var. *alba*

Auch der Weißkohl wird vermutlich seit dem Mittelalter in Europa angebaut. Im Gegensatz zum Rotkohl wächst der Weißkohl schneller und bildet größere Köpfe.

Je nach Sorte kann die Kopfform und die Kopfgröße der Weißkohlpflanzen stark variieren. Eine Sonderform des Weißkohls ist der Spitzkohl, dessen Köpfe kegelförmig wachsen.

Weißkohl, der zur Herstellung von Sauerkraut verwendet wird, wird auch als Einschneidekohl bezeichnet.

Der Zeitpunkt der Aussaat und der Ernte hängt vor allem davon ab, ob es sich um eine späte, mittlere oder frühe Weißkohlsorte handelt. Frühsorten werden von Februar bis Anfang März an frostfreien Orten gesät, Sommer- und Herbstsorten werden im März oder April gesät. Gepflanzt werden die Jungpflanzen in einem Abstand von 50 × 50 cm.

Die Weißkohlpflanzen vertragen nur leichte Fröste.

< Filderkraut

Sorten

Berns: 'Berns' ist eine mittelfrüh reifende Spitzkohlsorte, die sich für den ganzjährigen Anbau im Freien eignet. Die Sorte hat ein dunkles, graugrünes Umblatt und eine abgerundete Spitze. Mittleres Kopfgewicht: 800–1000 g.

Châteaurenard: Diese Sorte ist eine sehr alte französische Spitzkohlsorte. Die Köpfe sind blaugrün gefärbt, spitz zulaufend und sind mit einem mittleren Kopfgewicht von 1 kg eher klein. Die Sorte hat eine kurze Entwicklungszeit und gilt als sehr schnellwüchsig. Gut für den frühen Anbau geeignet.

Chou Blanc de Montagne, Bergkabis: Diese Sorte ist eine alte Schweizer Sorte mit kleinen, runden Köpfen. Eine frühe Sorte, die sich auch für Höhenlagen eignet. Eignet sich auch als Nachkultur.

Domarna: Die Sorte 'Domarna' ist ein Herbst- oder Einschneidekohl, spätreifend, mit rundem Kopf und guten Verarbeitungseigenschaften, vor allem für die Sauerkraut- und Saftproduktion.

Dottenfelder Dauer: Die Weißkohlsorte 'Dottenfelder Dauer' ist ein Lagerkohl. Die Kohlköpfe erreichen ein mittleres Kopfgewicht von 1,5 kg. Ihre Köpfe sind rund oder leicht hochoval, die Pflanzen sind ausgesprochen kurzstrunkig.

Dowinda: Diese Sorte ist eine Lagersorte. Die Blätter haben eine kräftige Wachsschicht. Die Köpfe von 'Dowinda' sind hochoval, fest geschlossen und haben einen nur sehr kurzen Innenstrunk.

Eersteling: Der Weißkohl 'Eersteling' ist ein kurzstrunkiger Spitzkohl. Im Anbau ist diese Sorte für die ganze Freilandsaison und für die frühe Kultur unter Abdeckung geeignet. Die Köpfe haben ein mittleres Kopfgewicht von 800 bis 1000 g.

> Dottenfelder Dauer

Filderkraut: Das 'Filderkraut' ist eine alte Sorte aus der Filderebene bei Stuttgart. Diese Spitzkohlsorte ist ein mittelspätes Einschneidekraut. Die Köpfe sind sehr groß und spitz zulaufend mit einem mittleren Kopfgewicht von 5 bis 8 kg.

Holsteiner platter: Der 'Holsteiner platter' ist eine mittelspäte Herbst-/Einschneide-Kohlsorte. Die großen, runden Köpfe haben viel Umblatt. Die Lagerfähigkeit dieser Sorte ist nur mittelmäßig.

Marner Lagerweiß: 'Marner Lagerweiß' ist eine sehr späte Lagerkohlsorte mit runden Köpfen und viel Umblatt. Die Köpfe haben ein mittleres Kopfgewicht von 2 bis 3 kg.

Nagels Frühweiß: Die Weißkohlsorte 'Nagels Frühweiß' ist eine besonders schnellwüchsige Sorte für die ganze Freilandsaison. Die Pflanzen haben einen niedrigen Wuchs. Die Köpfe sind klein und rund und haben ein mittleres Kopfgewicht von 1,5 bis 2 kg.

ZEFA Rapid: 'ZEFA Rapid' ist eine Weißkohlsorte für den Herbstanbau. Gezüchtet wurde sie von der Eidg. Forschungsanstalt Wädenswil (ZEFA) und ist seit 1963 im Handel. Die Pflanzen haben wenig Umblätter und dichte, feste Köpfe aus blaugrau bereiften Blättern. 'ZEFA Rapid' hat eine kurze Entwicklungszeit und die Köpfe sind gut lagerfähig.

> Filderkraut

> > Nagels Frühweiß

Wirsing, Wirz, Welschkraut

Brassica oleracea convar. *capitata* var. *sabauda*

Der Wirsing ist ebenfalls eine weit verbreitete Kopfkohlart. Vermutlich entstand der Wirsing durch eine Kreuzung von Weißkohl und Palmkohl. Im Gegensatz zum Rotkohl und Weißkohl zeichnet sich der Wirsing durch kräuselige Blätter aus. Es gibt Wirsingsorten, die frosthart sind und Temperaturen von –10 Grad Celsius unbeschadet überstehen können.
Die Aussaat der Frühsorten geht von Februar bis Anfang März, Sommersorten und Herbstsorten werden von März bis April gesät.
Gepflanzt werden die Jungpflanzen in einem Abstand von 50 × 50 cm.

< Im Uhrzeigersinn: Eisenkopf, Violaceo di Verona, Hammer, Violaceo di Verona

Sorten

Bamberger Spitzwirsing, Bamberger Wirsing: Der 'Bamberger Spitzwirsing' ist eine alte Regionalsorte aus der fast 700-jährigen Tradition des Bamberger Gartenbaus. Seit 2014 ist diese Wirsingsorte Slow-Food-Arche-Passagier und steht auf der Roten Liste der gefährdeten einheimischen Nutzpflanzen in Deutschland. Die Sorte hat hellgrüne, nur leicht gekrauste Blätter. Die Köpfe sind groß, oval, länglich und sehr locker. Da die Sorte aufgrund ihrer spitzen Kopfform schlecht zu transportieren ist, nicht gut lagerfähig ist und ein sehr niedriges mittleres Kopfgewicht aufweist, wird diese Sorte nur noch selten angebaut. Diese Sorte ist nicht frostfest.

Bonner Advent: Der Wirsing 'Bonner Advent' ist eine historische Maiwirsing-Sorte. Sie stammt aus dem Bonner Raum und ist an die dortigen klimatischen Bedingungen sehr gut angepasst. Diese Wirsingsorte bildet nur lockere Köpfe, die Blätter sind hellgrün und nur wenig gekraust. Eine Sorte, die nur Temperaturen bis –8 Grad Celsius aushalten kann und deshalb nur für milde Winter geeignet ist. Der 'Bonner Advent' wird im August gesät, im Oktober gepflanzt und kann im nächsten Jahr im April oder Mai geerntet werden. Die Blätter können auch einzeln geerntet werden. Der 'Bonner Advent' ist seit 2008 Slow-Food-Arche-Passagier.

D'Aubervilliers: Der Wirsing 'D'Aubervilliers' ist eine historische, sehr seltene französische Regionalsorte. Geeignet ist diese Sorte für die Herbst- und Winterernte. Die Köpfe sind außen blaugrün und gekraust, innen hellgrün. Sie erreichen ein mittleres Kopfgewicht von 2 kg.

Dauerwirsing Langedijská: Die Wirsingsorte 'Dauerwirsing Langedijská' ist eine Herbst- und Wintersorte mit sehr festen, hellgrünen Köpfen. Die Blätter sind schwach gekräuselt und fest.

> Dauerwirsing Langedijská

De Pontoise: 'De Pontoise' ist eine historische französische Wirsingsorte. Es handelt sich um eine frostfeste Sorte für den Winteranbau. Die Pflanzen haben einen langen Stiel und einen kräftigen, runden Kopf, der sich erst spät ausbildet. Die Blätter sind dunkelgrün und fest, die Außenblätter verfärben sich durch den Einfluss von Kälte violett.

Eisenkopf: Der 'Eisenkopf' ist eine historische Frühwirsingsorte, die es schon seit mindestens 1897 gibt. Die mittelgroßen Köpfe werden im Sommer geerntet. Die Sorte 'Eisenkopf' ist nicht lagerfähig, da die Blätter sehr zart sind und schnell welken.

Hammer: Die Wirsingsorte 'Hammer' ist eine Sorte mit blaugrünem Umblatt und grünem Kopf, die Blätter sind besonders stark gekräuselt. Die Pflanzen der Sorte 'Hammer' können leichte Fröste aushalten und sind bedingt lagerfähig.

Paradiesler: Der Wirsing 'Paradiesler' ist eine historische Landsorte aus dem thurgauischen Bodenseeraum. Es handelt sich um eine robuste Sorte für den Winteranbau mit guter Lagerfähigkeit. Die Köpfe sind rundoval, die Blätter blaugrün und gekraust.

< < De Pontoise

< Eisenkopf

^ Hammer

Violaceo di Verona: Diese Sorte ist ein mittelgroßer Herbstwirsing mit feinen, wenig gekrausten Blättern. Leichte Fröste werden problemlos ausgehalten, Kälte färbt die äußeren Blätter violett. Die inneren Blätter bleiben hellgrün. Diese Sorte kann auch gut eingelagert werden.

Vorbote 3: 'Vorbote 3' ist ein besonders früher Wirsing für die Ernte ab dem Frühsommer. Die Blätter der eher spitzen Köpfe sind locker angeordnet und gekraust, hellgrün und sehr zart. Das mittlere Kopfgewicht beträgt 500–1000 g.

Winterfürst 2: Diese Sorte ist ein Winterwirsing mit einer langen Entwicklungszeit und einem langsamen Wachstum. Er kann Temperaturen bis –12 Grad Celsius problemlos überstehen und eignet sich dadurch als Überwinterungswirsing für eine Ernte im zeitigen Frühjahr. 'Winterfürst 2' eignet sich ebenfalls sehr gut für die Lagerung. Die Köpfe sind mittelgroß, die Blätter graugrün und fein gekraust.

^ Paradiesler

> Violaceo di Verona

Brassica oleracea

Nutzung der (gestauchten) Seitentriebe

Kalettes, Flower Sprouts, Kohlröschen

Brassica oleracea var. *gemmifera*

Die Kalettes, Flower Sprouts, auch Kohlröschen genannt, sind eine besonders neue Kohlzüchtung aus dem 21. Jahrhundert. Es handelt sich um eine Kreuzung aus Rosenkohl und Grünkohl. Die Pflanzen haben, wie Rosenkohl auch, einen besonders langen Strunk. In den Blattachseln bilden sich, statt fest geschlossener Röschen, kleine und lockere Kohlrosetten.
Die Kalettes sind eine Züchtung des britischen Gemüsezuchtunternehmens «Tozer Seeds».
Die Pflanzen erreichen eine Höhe von bis zu 1 m. Die Pflanzen und Kohlröschen haben eine violett-grüne Färbung, die sich im Winter durch Kälteeinfluss zu einem Violettblau verstärkt. Kalettes sind nicht so kältetolerant wie Rosenkohl, können milde Winter aber ohne Schaden überstehen.
Da die Kalettespflanzen sich nur langsam entwickeln und die Kulturdauer zumindest an die 180 Tage dauert, muss die Anzucht der Jungpflanzen entsprechend früh beginnen. Der beste Zeitpunkt für die Aussaat ist März. Bis Juni werden die Pflanzen mit einem Abstand von 60 × 60 cm ins Beet gesetzt.

Sorten

Autumn Star F1: Diese Sorte hat grünrote Röschen und ist mit einer Kulturdauer von 180 Tagen die früheste Sorte. 'Autumn Star F1' hat hohe Strünke. Diese Sorte wird am besten bis November geerntet.

Christmas Rose F1: Die grünroten Röschen der Kalettes-Sorte 'Christmas Rose F1' sind zur Weihnachtszeit nach 240 Tagen Kulturdauer erntereif. Die Pflanzen haben sehr hohe Strünke, die längsten aller Kalettes-Sorten.

Snowdrop F1: Eine Sorte mit hellgrünen, leicht violetten Röschen und nur mittelhohen Strünken, die auch starkem Wind gut standhalten können. 'Snowdrop F1' ist besonders frostfest und ist für die Ernte in Januar und Februar besonders geeignet. Die Kulturdauer beträgt 300 Tage.

^ Autumn Star

> Snowdrop

Rosenkohl, Brüsseler Sprossen, Sprossenkohl

Brassica oleracea var. *gemmifera*

Erste Belege für den Anbau von Rosenkohl stammen aus dem heutigen Belgien aus dem 16. Jahrhundert. Damit ist der Rosenkohl eine besonders junge Kohlvarietät. Aufgrund seiner Herkunft wird der Rosenkohl im deutschen Sprachraum auch «Brüsseler Sprossen» genannt.

Der Rosenkohl ist eine Kohlart, die sich durch besonders hochwüchsige Strünke auszeichnet. An den Strünken bilden sich anfangs eine Vielzahl großer Blätter, in deren Blattachseln später die Röschen wachsen, die als «Rosenköhlchen» geerntet werden. Die Röschen sind gestauchte Seitentriebe mit eng aneinander liegenden Blättern, die durch die Stauchung kleine, fest geschlossene Köpfe bilden.

Vor allem die späten Rosenkohlsorten sind sehr frostfest. Sie können Temperaturen bis –15 Grad Celsius problemlos überstehen und können bis zum Frühjahr im Beet stehen und beerntet werden.

Bei den Frühsorten des Rosenkohles werden die Pflanzen entspitzt. Das Entspitzen beschreibt das Abbrechen der Terminalknospe, auch Gipfelknospe genannt. Dadurch geht die ganze Kraft der Pflanzen in die Röschen, die dadurch besonders groß werden. Die Frühsorten entspitzt man zwei Monate vor der Ernte oder wenn die Röschen haselnussgroß sind. Die abgebrochenen Triebspitzen der Rosenkohlpflanzen können ebenfalls verwertet werden (wie Wirsing). Durch das Entspitzen sind die Röschen oft etwas lockerer und nicht kompakt und eng geschlossen.

Bei Spätsorten, die ab November oder Dezember beerntet werden, sollten die Triebspitzen nicht entfernt werden, da dadurch die Frostfestigkeit nachlässt.
Mit der Ernte der Röschen beginnt man unten und wandert nach oben.
Da die Rosenkohlpflanzen sich nur langsam entwickeln und die Kulturdauer zumindest an die 180 Tage dauert, müssen die Jungpflanzen entsprechend früh ausgesät werden. Der beste Zeitraum für die Aussaat ist März bis April. Bis Juni werden die Pflanzen mit einem Pflanzabstand von 60 × 60 cm ins Beet gepflanzt.

Les Plantes Potagères: L'album Vilmorin

Das «Album Vilmorin» ist eine französische gartenhistorische Bilddokumentation von Gemüsesorten. Die Bildtafeln wurden Anfang des 20. Jahrhunderts für das Haus Vilmorin-Andrieux veröffentlicht.

Sorten

Demi-Nain: Eine sehr alte Sorte, die schon in Vilmorins Gemüsesortenalbum «Les Plantes Potagères» erwähnt wurde. Die Pflanzen erreichen eine Höhe von 50 bis 75 cm. Die Röschen dieser Sorte sind blassgrün und eher klein.

Groninger: 'Groninger' ist eine ertragreiche und winterharte Sorte. Die Pflanzen können bis in den März beerntet werden und werden bis zu 1,20 m hoch.

Long Island Improved: Diese Sorte hat eine lange Kulturzeit und muss entsprechend früh ausgesät werden, damit die Röschen reifen. Diese Sorte ist ertragreich und frostfest. Die Pflanzen werden 70 cm hoch.

Perfection de Genève: Der Rosenkohl 'Perfection de Genève' ist eine alte englische Sorte. Die Pflanzen sind langsam wachsend und bleiben sehr niedrig, sie werden nicht höher als 40 cm.

Red Bull: Die Pflanzen der Sorte 'Red Bull' werden bis zu 1 m hoch und sind komplett violett gefärbt. Die violetten Röschen behalten beim Kochen ihre Farbe.

Roodnerf: 'Roodnerf' ist eine winterharte Rosenkohlsorte. Sie zeichnet sich durch hohe Pflanzen mit leicht rötlichen Blattstielen und großen Röschen aus. Die Röschen können schon früh geerntet werden.

Rubine: 'Rubine' ist eine alte Sorte mit vielen, kleinen, violetten Röschen. Blätter, Strunk und Blattstiele sind ebenfalls violett. Diese Sorte hat eine lange Kulturzeit und muss entsprechend früh, optimalerweise schon Anfang März, ausgesät werden, damit die Röschen reifen.

< < Red Bull

< Rubine

Brassica oleracea

Nutzung des (verdickten) Stängels

Kohlrabi

Brassica oleracea convar. *acephala* var. *gongylodes*

Der Kohlrabi ist ein Kohl mit einer besonders starken Verdickung des Triebs und einem sehr gestauchten Spross. Die meisten Blätter sind beim Kohlrabi an der oberen Knollenhälfte angeordnet.

Wenn Kohlrabi-Jungpflanzen unter niedrigen Temperaturen angezogen werden oder die Jungpflanzen sogar Frost abbekommen, ist es sehr wahrscheinlich, dass sie schnell schießen (in Blüte gehen), ohne eine Knolle auszubilden. Durch Frosteinwirkung kann es auch dazu kommen, dass keine weiteren Blätter mehr gebildet werden (Herzlosigkeit). Ein weiteres Problem bei zu niedrigen Temperaturen in der Anzucht ist die sogenannte «Flaschenbildung». Statt runden Knollen bilden sich dann längliche, unförmige «Flaschen». Deshalb ist es bei der Anzucht von Kohlrabipflanzen besonders wichtig, dass die Temperatur bei 18–20 Grad Celsius liegt. Gesät werden kann je nach Sorte von Mitte Januar bis Mitte Juli. Spätestens Mitte August sollten die Pflanzen ins Beet gepflanzt werden. Bei später Pflanzung kann bis in den Oktober hinein geerntet werden. Der Pflanzabstand hängt davon ab, wie groß die Knollen der verschiedenen Kohlrabisorten werden. Bei kleinknolligen Sorten reicht ein Pflanzabstand von 30 × 30 cm, während großknollige Sorten, wie die Sorte 'Superschmelz', einen Pflanzabstand von 50 × 60 cm benötigten, um große Knollen bilden zu können.

Beim Umsetzen ins Beet dürfen die jungen Kohlrabi nicht zu tief in die Erde gepflanzt werden. Die sich entwickelnden Knollen sollen später nicht den Boden berühren.

< Rasko

Schnell wachsende Sorten mit kleinen Knollen und kurzer Entwicklungszeit sind für den Anbau in Mischkultur besonders gut geeignet.
Für frühe Pflanzungen im Gewächshaus kann ab Januar gesät werden. Für den Freilandanbau unter Folie sät man Kohlrabi ab Februar. Für den ungeschützten Anbau im Freiland wird der Kohlrabi von April bis Mitte Juli gesät.

Sorten

Azur Star: 'Azur Star' ist eine blaue Sorte mit schneller Entwicklung und langer Ernteperiode. Die Pflanzen sind sehr schossfest, deshalb ist diese Sorte auch sehr gut für den Sommeranbau geeignet. Aber auch für die ganze Freilandsaison und den Anbau im beheizten oder kalten Gewächshaus kann 'Azur Star' verwendet werden. Die Knollen dieser Sorte verholzen nicht.

Blaril: Diese Sorte zeichnet sich mit bis zu 1 kg schweren, großen, blauen Knollen aus, die nicht verholzen. 'Blaril' ist eine Sorte für die Spätsommer- und Herbsternte. Die Knollen lassen sich gut lagern.

Blaro: Kohlrabi mit mittelgroßen, blauen Knollen. Die Sorte ist frostbeständig und schossfest und dadurch hervorragend für die ganze Freilandsaison geeignet.

Blauer Speck: 'Blauer Speck' ist eine österreichische Kohlrabisorte mit großen, plattrunden Knollen in intensiver Violettfärbung. Die Sorte ist für den Früh- und Herbstanbau geeignet. Seit 1914 im Handel.

Boccia: 'Boccia' ist eine weiße Sorte. Die Knollen sind rund, die Pflanzen haben eine kurze Entwicklungszeit. Die Sorte ist platzfest und für den ganzjährigen Freilandanbau geeignet.

Böhmischer Strunk: Der 'Böhmische Strunk' ist eine alte Regionalsorte. Die Knollen sind oval, groß und grün. Die Sorte eignet sich für die Sommer- und Herbsternte. Die Knollen eignen sich besonders gut für die Einlagerung.

Delikateß blauer: Eine Traditionssorte mit mittelgroßen, blauen Knollen von runder bis plattrunder Form. Die Knollen reifen mittelfrüh, die Sorte ist für den frühen Freilandanbau und Sommeranbau besonders geeignet. Die Pflanzen haben eine geringe Schossneigung. Diese Sorte wurde in den 1930er-Jahren im Katalog des Hauses «Vatter» beschrieben.

< Azur Star

Delikateß weißer: Die Kohlrabisorte 'Delikateß weißer' ist eine Traditionssorte mit mittelgroßen, hellgrünen Knollen. Die Knollen reifen mittelfrüh, die Sorte ist für den frühen Freilandanbau und Sommeranbau besonders geeignet. Die Pflanzen haben eine geringe Schossneigung. Diese Sorte wurde in den 1930er-Jahren im Katalog des Hauses «Vatter» beschrieben.

Dyna: Die Kohlrabi der Sorte 'Dyna' sind optisch besonders auffällig: Die hellblaue bis violette Knolle hat grüne Blattstiele. Die Pflanzen sind starkwüchsig, die Knollen werden sehr groß, aber bleiben zart. 'Dyna' eignet sich nur für den Anbau für die Herbsternte.

Enrico: Bei dem Kohlrabi 'Enrico' handelt es sich um eine schnell wachsende Sorte mit kurzer Entwicklungszeit für den Frühjahrs- und Herbstanbau. Die Knollen sind sehr hell und flachrund, mit guter Platzfestigkeit.

Fridolin: 'Fridolin' ist eine Kohlrabisorte für den ganzjährigen Freilandanbau. Die Knollen sind flachoval und cremeweiß bis leicht hellgrün. Die Knollen werden nicht holzig oder fasrig.

< Fridolin

^ Lanro

Lanro: Diese weißknollige Sorte eignet sich besonders für den frühen Freilandanbau oder den frühen Anbau unter Glas oder Vlies. Auch ist 'Lanro' für die Herbsternte geeignet. Die Pflanzen sind frostfest und schossfest und entwickeln sich schnell. Auch im Alter werden die Knollen nicht holzig oder fasrig.

Superschmelz: 'Superschmelz' ist eine sehr bekannte, helle, zarte Riesensorte. Die Pflanzen wachsen langsam und sind schossfest. Ihre Knollen können ein Gewicht von bis zu 8 kg erreichen und werden dabei nicht holzig. Diese Sorte kann besonders spät geerntet werden: bis Mitte November. 'Superschmelz' ist eine Sorte für die Herbsternte und wird von Mai bis Juni gesät.

Trero: 'Trero' ist eine Sorte mit weißen Knollen. Die Pflanzen sind schossfest und frostfest. Dadurch ist 'Trero' besonders gut für den Anbau in der ganzen Freilandsaison und für den frühen Anbau unter Glas oder Vlies geeignet.

Rasko: Diese Sorte eignet sich für den ganzjährigen Freilandanbau und die frühe Kultur im Gewächshaus oder unter Folie. Die Knollen sind hellgrün, flachrund und werden nicht holzig.

Wiener Blauer Glas, Wener Blauwe: Wiener Züchtung, die seit 1844 im Handel ist und in Mitteleuropa sehr bekannt war. 1877 wurde sie im «Album Benary» abgebildet, 1904 im Katalog von «Vilmorin». Die Sorte bildet violette, kugelrunde Knollen. Obwohl diese Sorte als Frühsorte für den Anbau im Glashaus gezüchtet wurde, kann sie auch im Freiland kultiviert werden.

Markstammkohl, Futterkohl, Markkohl, Keulenkohl

Brassica oleracea convar. *acephala* var. *medullosa*

Der Markstammkohl ist ein Kohl mit verdicktem Trieb. Zusätzlich zu den Blättern lässt sich der Stängel wie Kohlrabi verwenden. Er ist direkt über dem Boden noch dünn und wird nach oben hin immer dicker. Am häufigsten wird dieser Blattkohl als Futterpflanze verwendet und selten für den menschlichen Verzehr. In Deutschland wurde er besonders häufig in der Prignitz (Brandenburg) angebaut.
Während die größeren Blätter wie Grünkohl zubereitet werden können oder zum Einwickeln von zu garenden Speisen, können junge, zarte Blätter auch im Salat verwendet werden.
Gesät wird der Markstammkohl von April bis Juni im Freiland oder ab März in der Voranzucht. Der Pflanzabstand im Beet sollte 50 × 50 cm betragen.

Grüner Angeliter: Markstammkohlsorte mit geringer Stängeldicke und großen, grünen Blättern. Der 'Grüne Angeliter' ist besonders widerstandsfähig gegenüber der Kohlhernie und wird als Viehfutter verwendet. Auch Temperaturen von bis zu –10 Grad Celsius können die Pflanzen problemlos aushalten.

Prignitzer Markstammkohl: Eine 1,50 m hoch werdende Landsorte. Die Pflanzen können ohne Schutz Temperaturen von –10 Grad Celsius überstehen. In der Prignitz, einer historischen, flachen Landschaft im Nordwesten Brandenburgs, ist der Markstammkohl neben dem Weißkohl und dem Grünkohl eine der drei Kohlarten im «Prignitzer Knieperkohl».

Brassica napus

Nutzung der Blätter

Scheerkohl, Schnittkohl

Brassica napus var. *pabularia*

Vor allem in Norddeutschland war der Schnittkohl bis zur Hälfte des letzten Jahrhunderts (1960er-Jahre) als preiswertes und leicht im Garten zu kultivierendes Blattgemüse weit verbreitet. Heute ist der Schnittkohl weitgehend unbekannt und aus den meisten Gärten verschwunden. Viele der regionalen Schnittkohlsorten sind dadurch verloren gegangen. Die meisten im Handel erhältlichen Schnittkohlsorten sind Züchtungen, die in den letzten Jahrzehnten in den USA entstanden sind. Ausgehend von den USA gewinnt der Schnittkohl nun wieder an Popularität.

Beim Schnittkohl handelt es sich um eine Unterart des Rapses, der für die Blattnutzung angebaut wird. Der Name «Scheerkohl» leitet sich von dem Wort «scheren» ab: Die jungen Blätter der Schnittkohlpflanzen werden bei der Ernte abgeschnitten, oder früher bei großflächigem Anbau mit der Sense «gescheert».

Der Schnittkohl hat eine besonders große Bedeutung als Lieferant für frisches Grün in der «Hungry Gap».

Hungry Gap

deutsch «Hungerlücke», ist der Zeitraum zwischen den letzten Ernten des Wintergemüses und der ersten neuen Sommergemüseernte.

< Russian Frills

Für den Anbau des Schnittkohls im Frühjahr sollte schon ab Januar oder Februar geschützt im Glashaus oder Frühbeetkasten oder ab März als Direktsaat im Freiland gesät werden. Wenn der Schnittkohl nach dem Winter gesät wird, fehlt die lange Kälteperiode, die die Blüte induziert. Die Schnittkohlpflanzen gehen erst sehr spät in die Blüte über und lassen sich dadurch besonders lange als Lieferant für frisches Grün nutzen.
Möchte man den Schnittkohl im Freiland überwintern, bietet sich eine Aussaat ab August an. Bis in den September hinein kann gesät werden. Dadurch, dass die spät gesäten Pflanzen zum Zeitpunkt des Wintereinbruchs noch kleine Jungpflanzen sind, überstehen sie die kalten Temperaturen besser. Durch die Kälte prägt sich die Färbung der violetten Sorten besonders deutlich aus und auch der Geschmack wird angenehmer. Durch den Kältereiz bilden sich im Frühling die Blühtriebe zeitig aus, die aber wie Brokkoli geerntet und verwendet werden können.
Schnittkohl ist ein Zweinutzungs-Blattkohl, denn eine weitere Möglichkeit ist die Verwendung des Schnittkohls als Baby Leaf. Der Schnittkohl eignet sich hierfür besonders gut, da er sehr schnellwüchsig ist. Wenn man nur die äußeren Blätter aberntet, lässt sich der Schnittkohl oft und über einen langen Zeitraum nutzen.

Baby Leaf

Verwendung der nur wenige Tage oder Wochen alten Blätter verschiedener Blattgemüsearten.

Möchte man das ganze Jahr lang Schnittkohl ernten, bietet sich ein satzweiser Anbau im Gewächshaus oder Frühbeet in den Wintermonaten sowie der Anbau im Freiland in den wärmeren Monaten an. Dafür können alle 14 Tage

^ White Russian

neue Schnittkohlpflanzen ausgesät werden. Für den Einzelstand wird im Abstand 40 × 40 cm gepflanzt. Sät man den Schnittkohl in Reihen, bietet sich ein Reihenabstand von 50 cm an, in der Reihe sollte man auf einen Abstand zwischen den Pflanzen von mindestens 20 cm verziehen.

Satzweiser Anbau

Die Kulturen werden über einen langen Zeitraum alle ein bis zwei Wochen neu gesät. Dadurch kann man eine durchgängige Ernte erreichen.

Vor allem die kleineren Sorten können in Kübeln angebaut werden und eignen sich gut für den Balkongarten oder als Terrassenbegrünung.
Schnittkohl ist besonders anfällig für den Befall durch Erdflöhe. Deckt man die Pflanzen von Anfang an mit Vlies ab, sind sie so nicht nur vor den Erdflöhen, sondern auch vor Frösten geschützt.

Sorten

Bear Necessities: Die Sorte 'Bear Necessities' ist eine sehr kältebeständige Schnittkohlsorte mit stark gefransten Blättern mit einem Farbspektrum von Grün bis Violett. Durch die zahlreichen, filigranen Blattfransen ist diese Sorte besonders auffällig und hat einen hohen Wiedererkennungswert.

Blauwe Groninger: Die niederländische Schnittkohlsorte 'Blauwe Groninger' ist neben dem 'Bremer Scheerkohl' und dem 'Hanover Salad' als einzige mitteleuropäische Sorte noch im Handel. Die grünen, leicht gewellten Blätter haben blauviolette Blattnerven und Stängel.

Bremer Scheerkohl: Der 'Bremer Scheerkohl' ist eine regionale Schnittkohlsorte, die an die klimatischen Bedingungen der Region Bremen angepasst ist. Diese Sorte ist nur bedingt frosthart und wird am besten von Februar (im Gewächshaus) bis Juli ausgesät. Die Pflanzen bilden große, grüne, gewellte Blätter mit weißen Blattnerven und Blattstielen. Diese Sorte wurde 2013 als «Passagier» in die «Arche des Geschmacks» von Slow Food aufgenommen.

Hanover Salad: Auch der Schnittkohl 'Hanover Salad' ist eine alte Regionalsorte. Die Pflanzen haben leicht gelappte, nur leicht gekräuselte Blätter. Die Blätter sind dunkelgrün, die Blattnerven und Blattstiele sind weiß.

Red Ruffled: Der Schnittkohl 'Red Ruffled' gehört zu den Sorten mit einer hohen Frostfestigkeit. Die Pflanzen haben große, graugrüne bis hellgrüne Blätter, die am Rand besonders gekraust sind. Die Blattstiele und Blattnerven sind auffällig violett. Gezüchtet wurde diese Sorte von Frank Morton in Oregon.

Red Russian, Rouge de Russie: Alte Sorte, besonders wüchsig. Pflanzen mit rotvioletten Stängeln und türkisen Blättern, die sich durch den Einfluss von Kälte violett färben. Die Blätter sind ganzrandig, nicht gekraust und tief eingeschnitten.

^ Bear Necessities

^ Red Russian, Rouge de Russie

> Red Ursa

> Russian Frills

Red Ursa: Sorte mit grün-rotvioletten und breit gekräuselten Blättern und besonders breiten, auffällig violetten Blattnerven. Die Jungpflanzen sind anfangs grün und färben sich erst nach und nach rotviolett, besonders unter Kälteeinfluss, bis der Grünanteil im Winter besonders gering ist.
Bei den nationalen Sortenprüfungen 1997 in den USA wurde 'Red Ursa' unter die Top Fünf der besten Gemüsesorten des Jahres gewählt.

Russian Frills: 'Russian Frills' ist eine Schnittkohlsorte mit komplett grünen Jungpflanzen. Später entwickeln die Pflanzen grün-violette, stark gefranste Blätter mit rotvioletten Blattnerven. Die jungen Blätter im Herzen der Blattrosette sind besonders violett, ältere, in der Blattrosette weiter außenstehende Blätter haben einen höheren Grünanteil. Die Violettfärbung der Blätter wird durch Kälte verstärkt. Gezüchtet wurde die Sorte von Tim Peters in Oregon.

Russian Hunger Gap: Russische Sorte mit breit gezackten, grün-rotvioletten Blättern und auffällig violetten Blattnerven. Auch bei dieser Sorte verstärkt sich die Färbung durch Kälte. Diese Sorte ist besonders frostfest und geht sehr spät zur Blüte über.

Siber Frill: Die Sorte 'Siber Frill' zeichnet sich durch stark geschlitzte, blaugrün gefärbte Blätter aus. Sie ist sehr robust und winterhart bei Temperaturen bis –10 Grad Celsius. Gezüchtet wurde diese Sorte von Jonathan Spero in Oregon.

True Siberian: 'True Siberian' ist nicht nur eine besonders frostfeste Schnittkohlsorte, sondern kann auch gut mit feuchtem Wetter und wassergesättigtem Boden umgehen. Die Pflanzen haben große hellgrüne Blätter, die am Rand leicht gekräuselt sind. Die Blattnerven und Blattstiele sind weiß.

^ White Russian

Western Front: 'Western Front' ist eine Schnittkohlsorte mit stark gefransten Blättern im Farbspektrum von Grün bis Violett mit violetten Blattstielen. Diese Sorte wurde auf eine besonders hohe Frostfestigkeit selektiert. Diese Sorte wurde von Tim Peters in Oregon gezüchtet.

White Russian: 'White Russian' ist eine Schnittkohlsorte mit großen, dunkelgrünen, ungekräuselten, aber geschlitzten Blättern und weißen Blattstielen und Blattnerven. Diese sehr frostfeste Sorte wächst besonders üppig. Gezüchtet wurde sie von Frank Morton in Oregon.

Wild Red: 'Wild Red' ist eine winterharte Schnittkohlsorte mit sehr heterogenen Pflanzen. Es gibt eine große Bandbreite an Blattformen, die sich in ihrer Gelapptheit und Kräuselung sehr stark unterscheiden.

Brassica napus

Nutzung von Wurzel und Hypokotyl

Kohlrübe, Steckrübe, Bodenkohlrabi

Brassica napus subsp. *rapifera*, Syn. *Brassica napus* subsp. *napobrassica*

Die Kohlrübe ist eine Unterart des Rapses und war aufgrund der ausgesprochen guten Lagerfähigkeit ein weit verbreitetes Wintergemüse. Ursprünglich kommt die Kohlrübe aus Skandinavien, die ältesten Nachweise stammen aus dem 17. Jahrhundert. 2017 erklärte der Verein zur Erhaltung der Nutzpflanzenvielfalt e. V. (VEN) die Kohlrübe zum «Gemüse des Jahres».

Botanisch gesehen handelt es sich bei der Kohlrübe um eine «Sprossrübe». Bei den Sprossrüben sind die Sprossachse (Stängel), die Wurzel und das dazwischenliegende Hypokotyl Teil der Rübe.

Unterscheiden lässt sich die Kohlrübe von der eng verwandten Mairübe dadurch, dass die Mairübe glänzend grüne Rosettenblätter hat, während das Laub der Kohlrübe grünblau bereift ist.

Die Kohlrüben werden von Mitte Mai bis Mitte Juli per Direktsaat gesät, Reihenabstand 30 cm und Abstand zwischen den Reihen 40 cm. Es werden jeweils mehrere Samen gesät, nur die vitalste Jungpflanze lässt man dann stehen. Wie alle anderen Kohlarten braucht auch die Kohlrübe eine gute Wasserversorgung. Geerntet werden die Kohlrüben im Oktober, da die Pflanzen nur wenig Frost vertragen und nicht winterhart sind. Sät man die Kohlrüben früher, können die Rüben schon im Sommer geerntet werden, lassen sich dann aber nicht mehr so gut lagern. Zum Einlagern werden die Rüben aus der Erde gezogen, dann werden die Blätter abgedreht. Die Rüben sollten keine Verletzungen oder Fraßstellen haben, dies sind Eintrittspforten für Schimmel. In feuchtem Sand lassen sich die Steckrüben an kühlen, dunklen Orten bis April lagern.

Die Kohlrüben haben je nach Sorte verschiedenfarbige Außenhäute. Es gibt sie in Gelb, Weiß oder Grün. Das Fruchtfleisch ist weiß oder gelb. Die gelbfleischigen Sorten haben ihre Färbung durch die enthaltenen Carotinoide, sind milder im Geschmack und wurden für den menschlichen Verzehr verwendet. Die weißfleischigen Sorten dienten vor allem als Viehfutter.

< Wilhelmsburger

Sorten

Best of All: 'Best of All' ist eine Kohlrübensorte mit mittelgroßen und runden Rüben. Die Außenhaut ist violett-grün, das Fleisch hellgelb.

Gelbe aus Friesland: Die Rüben der Sorte 'Gelbe aus Friesland' haben gelbes Fleisch. Außen sind sie ebenfalls gelb gefärbt und haben violett-grüne Schultern.

Gowrie: 'Gowrie' ist eine runde Sorte mit gelbem Fleisch. Die Außenhaut ist rosa bis violett.

Helenor: 'Helenor' ist eine alte Kohlrübensorte. Sie ist gelbfleischig mit rotvioletten Schultern, die nach unten hin grün werden. 'Helenor' hat sehr gute Lagereigenschaften.

Kostar: Die Kohlrübe 'Kostar' hat gelbes Fleisch und eine violett-weiße Schale. Die Rüben sind außergewöhnlich geformt, nach oben hin wachsen sie flaschenhalsförmig.

Marian: Die Sorte 'Marian' bildet besonders schön geformte runde Rüben. Sie ist gelbfleischig und von außen auffällig violett.

Navone Giallo: 'Navone Giallo' ist eine früh reifende Sorte mit großen, gelbfleischigen Rüben. Die Schale ist gelb mit grünen Schultern.

Ruby: Die Sorte 'Ruby' bildet Kohlrüben mit roter Außenhaut und dunkelgelbem Fleisch. Die Rüben werden sehr groß und haben eine runde Form.

Wilhelmsburger: Sorte von 1897 mit orangegelbem Fruchtfleisch und grünem Kragen. Diese Steckrübensorte ist im Hobbyanbau noch sehr weit verbreitet und relativ widerstandsfähig gegen Mehltau.

Brassica juncea

Nutzung der Blätter

Brauner Senf, Blattsenf, Indischer Senf, Rutenkohl

Brassica juncea

Der Braune Senf, auch Indischer Senf, Blattsenf oder Rutenkohl genannt, ist ein besonders rasch wachsender und kältetoleranter Blattkohl. Wenn die Pflanzen geschützt und trocken in einem Gewächshaus, Folientunnel oder Frühbeet stehen, können sie Temperaturen von –10 bis –20 Grad Celsius problemlos aushalten. Junge, kleinere Pflanzen sind dabei kältetoleranter als große und ältere Pflanzen. Wichtig ist nur, dass man sie, genau wie alle anderen Pflanzen, im gefrorenen Zustand weder berührt noch erntet.

Durch seinen schnellen Wuchs eignet sich dieser Blattsenf auch ausgesprochen gut für die Verwendung als Baby Leaf. Die jungen Blätter sind milder, je älter und größer, umso schärfer werden sie.

Für eine regelmäßige Ernte lohnt es sich, alle 14 Tage neuen Blattsenf zu säen. Möchte man den Blattsenf als Baby Leaf ernten, sind die Pflanzen nach 21 Tagen dafür erntereif. Voll entwickelt sind die Pflanzen jedoch erst nach 45 bis 50 Tagen. Große Sorten brauchen bis zur Vollentwicklung länger als kleine und besonders schnellwüchsige Sorten. Der Blattsenf hat eine besonders große Bedeutung als Lieferant für frisches Grün in der «Hungry Gap».

Im Gewächshaus, Folientunnel und Frühbeet kann man von Oktober bis März säen, im Freiland von März bis Mitte September. Der Blattkohl keimt schon ab 3 Grad Celsius, die optimale Keimtemperatur beträgt jedoch 10–20 Grad Celsius.

Vor allem die kleineren Sorten wachsen in Kübeln ausgesprochen gut und eignen sich gut für den Balkongarten oder als Terrassenbegrünung.

Bei einigen Sorten färben sich die Blätter im Freilandanbau bei viel Sonne und gleichzeitig niedrigen Temperaturen rot. Unter Abdeckung, also im Gewächshaus, Frühbeet oder im Folientunnel, fällt die Rotfärbung weniger intensiv aus.

Möchte man die Blattsenfpflanzen schon früh beernten, kann man sie in der Reihe mit 5 cm Abstand, zwischen den Reihen mit 30 cm säen. Möchte man die Pflanzen bis zur Vollentwicklung wachsen lassen, ist in Abhängigkeit der Sorte ein Abstand von 30 × 30 cm zu wählen.

Die Samen des Braunen Senfs können außerdem zur Herstellung von Tafelsenf (meist Dijon-Senf) verwendet werden.

< < < Bloody Mary

< < Dragon Tongue

< Garnet Giant

Sorten

Bloody Mary: Blattsenfsorte mit leuchtend violetten, rundovalen Blättern und hellgrünem Blattstiel. Die Pflanzen erreichen eine Höhe von 25 bis 30 cm.

Chinese Giant Leaf: Eine aus China stammende Sorte mit riesigen, hellgrünen Blättern und breiten, dicken Blattstielen. Die Pflanzen werden 90 cm hoch und über 30 cm breit.

Dragon Tongue: Die Blattsenfsorte 'Dragon Tongue' ist eine besonders spektakuläre Sorte. Sie ist eine Kreuzung aus den Sorten 'Great Wave Miike' und 'Horned'. Die leuchtend grünen Blätter mit violetten Sprenkeln sind gezähnt. Die Blattnerven sind ebenfalls violett. Die Blattstiele sind weiß und besonders breit. Wie bei der Sorte 'Horned' entstehen auf den älteren Blattstielen Verdickungen, die aussehen wie kleine Hörner. Diese Sorte schießt besonders spät.

Florida Broad Leaf: Eine Sorte, die besonders in den Südstaaten der USA beliebt und weit verbreitet ist. Die Blätter sind groß und grün mit weißen Blattstielen. Die Blätter können bis zu 50 cm lang werden.

Frizzy Joe: Eine Sorte mit hellgrünen, stark gefiederten und in sich gekräuselten Blättern und hellgrünen Blattstielen. Die Pflanzen erreichen eine Höhe von 25 bis 30 cm.

Frizzy Lizzy: Diese Sorte ist durch ihre tiefvioletten, in sich gekräuselten, stark geschlitzten und fast skelettartigen Blätter besonders auffällig. Der hellgrüne Blattstiel bildet zu den tiefvioletten Blättern einen besonderen Kontrast. Die Pflanzen erreichen eine Höhe von 25 bis 30 cm.

Garnet Giant: Eine Sorte mit tiefroten, runden Blättern und grünen Blattstielen. Die Pflanzen können unter guten Bedingungen eine Höhe von 80 bis 90 cm erreichen.

Golden Frills: Die hellgrünen oder goldgrünen Blätter der Blattsenfsorte 'Golden Frills' sind besonders tief geschlitzt und fein gekräuselt. Die Blattnerven und Blattstiele sind schmal und weiß. Die Pflanzen wachsen bis zu 40 cm hoch. Diese Sorte ist besonders schnell wachsend.

Golden Streaks: 'Golden Streaks' hat gezackte und gelappte, dem Rucola ähnlich sehende, grüne bis hellgrüne Blätter. Die Pflanzen werden 30 cm hoch. Diese Sorte ist besonders schnell wachsend.

Great Wave Miike: Große, glattrandige, grüne Blätter mit dunkelroten Sprenkeln, besonders breite und weiße Blattnerven.

Green Wave: Grüne, bis zu 60 cm lang werdende, gewellte Blätter. Die Blattränder sind stark gefranst und gekräuselt. 'Green Wave' verträgt mehr Wärme als die meisten Blattsenfsorten und zeichnet sich durch eine gute Schossfestigkeit aus.

Grün im Schnee (*Brassica juncea* var. *multiceps*): Dunkelgrüne, ungelappte, aber gezähnte Blätter und weiße Blattstiele. Pflanze kann als Rosette oder nur durch einzelne Blätter beerntet werden.

Horned: Eine außergewöhnliche Blattsenfsorte, denn an den Stielen bilden sich auf den besonders breiten Blattstielen kleine Hörner aus. Die Blätter sind

< Golden Frills

^ Green Wave

grün bis goldgrün mit leicht gekräuselten Blatträndern. Diese Sorte ist für den Sommeranbau ungeeignet, sie schießt schnell. Die Pflanzen können eine Höhe von 30 cm erreichen.

Magma: 'Magma' ist eine Kreuzung aus den Sorten 'Osaka Purple' und 'Southern Giant Curled', die Blätter sind grün und violett, die stark gefransten Blattränder hellgrün. Die Pflanzen werden bis zu 60 cm groß.

Old Fashion: 60 cm hoch werdende historische Sorte, die vor allem in den Südstaaten der USA sehr beliebt war. Die Blätter sind grün und groß mit gelappten und gekräuselten Blatträndern.

Osaka Purple: 'Osaka Purple' ist eine historische Blattsenfsorte, die eine Größe von bis zu 45 cm erreichen kann. Die Blätter sind rund, dunkelgrün bis weinrot, die Blattstiele weiß und die Blattnerven weinrot.

Pizzo: Die Blätter von der Blattsenfsorte 'Pizzo' sehen Rucolablättern sehr ähnlich. Die Blätter sind grün und grob gezackt. Die Pflanzen erreichen eine Höhe von 30 bis 35 cm.

Purple Wave: Eine Sorte mit geschlitzten, roten Blättern und grünen Blattstielen. Die ausgewachsenen Pflanzen werden bis zu 50 cm groß.

^ Grün im Schnee

> Osaka Purple

Red Carpet: Eine Sorte mit ovalen, leicht geschlitzten Blättern in einem tiefdunklen Violett, ebenfalls violetten Blattnerven und hellgrünen Blattstielen. Die voll entwickelten Pflanzen haben eine Höhe von 30 cm.

Red Giant: Die Sorte 'Red Giant' ist ein Blattsenf mit großen dunkelgrün bis weinrot gefärbten Blättern, weißen Blattstielen und weinroten Blattnerven. Die Pflanzen erreichen eine Höhe von bis zu 50 cm.

Red Lace: 'Red Lace' ist eine violette, geschlitztblättrige Sorte mit hellgrünen Blattstielen.

Red Lion: Eine Sorte mit besonderer Farbe: Je nach Sonneneinstrahlung leuchten die Blätter orange bis kastanienbraun oder violett. Die Blätter sind oval und ungelappt. Die voll entwickelten Pflanzen haben eine Höhe von 30 cm.

Rouge Métis: 'Rouge Métis' hat rot glänzende, tief geschlitzte Blätter und grüne Blattstiele. Die Pflanzen können eine Größe von 30 cm erreichen. Diese Sorte ist besonders schnell wachsend.

Ruby Streaks: Stark geschlitzte, löwenzahnähnliche violette Blätter mit grünen Blattstielen.

Southern Giant: 'Southern Giant' ist eine historische amerikanische Sorte mit hellgrünen, an den Blatträndern gekrausten und gezähnten Blättern. Ausgewachsene Pflanzen können eine Höhe von bis zu 60 cm erreichen.

Wasabino: Junge Blätter sind fein gelappt, ältere Blätter stark gekräuselt. Blätter sind grün mit weißen Blattstielen und -nerven.

^ Red Giant

> Ruby Streaks

Brassica rapa

Nutzung der Blätter und Blattstiele

Mizuna, Japankohl

Brassica rapa subsp. *nipposinica*

Mizuna wird seit mehreren Jahrhunderten in der Bergregion von Kyoto, Japan, angebaut. Diese Kohlart bildet dichte Rosetten aus stark gefiederten Blättern auf langen Blattstielen. Mizuna hat eine sehr kurze Entwicklungszeit und ist sehr schnellwüchsig. Die Pflanzen können in jeder Entwicklungsstufe geerntet werden: als Microgreens, Baby Leaf oder als voll entwickelte Pflanze. Bleiben die Herzblätter unbeschädigt, wächst die Pflanze immer wieder nach und kann problemlos mehrmals abgeerntet werden. Voll entwickelte Pflanzen erreichen eine Höhe von 30 cm und werden bis zu 30–40 cm breit. Große Pflanzen können komplett geerntet 700–1000 g auf die Waage bringen.

Möchte man große Pflanzen haben, sollte man einen Pflanzabstand von 30 × 30 cm oder 40 × 40 cm wählen. Erntet man die Pflanzen blattweise, reicht ein Abstand von 10 × 15 cm.

Mizuna ist für den Freilandanbau von März bis Oktober geeignet als Zwischen- oder Nachfrucht. Im Gewächshaus kann von Januar bis März und von September bis Dezember gesät werden. Bei einer satzweisen Aussaat ist eine ganzjährige Ernte möglich.

Sorten

605 Summer: '605 Summer' ist eine japanische Mizuna-Sorte, die dafür gezüchtet wurde, um der Hitze und hohen Luftfeuchtigkeit in Japans Landesinneren standzuhalten. Die Sorte ist sehr schossfest und für die Aussaat im Hochsommer geeignet. Die Blätter sind grün und stark gefiedert, die langen Blattstiele sind weiß.

Beni Houshi: Diese Mizuna-Sorte hat knallig pinke, lange Blattstiele mit violett-grünen, stark gefiederten Blättern. Es ist eine neue Sorte, die sehr schossfest und hitzetolerant, aber auch sehr gut kälteverträglich ist.

Early: 'Early' ist ebenfalls eine Sorte aus Japan, die vor allem in den Bergen Kyotos angebaut wurde. Die Sorte ist besonders kältetolerant, vor allem in der Zeit der Keimung. Dadurch eignet sie sich besonders gut für eine sehr frühe Aussaat. Trotzdem ist 'Early' auch schossfest. Die langen Blattstiele sind weiß, die stark gefiederten Blätter dunkelgrün.

Japanese Pink: 'Japanese Pink' ist mit den knallig pinken, langen Blattstielen und den violett-grünen, stark gefiederten Blättern ein schöner Blickfang. Diese japanische Sorte ist tolerant gegenüber Hitze und Kälte, eignet sich aber am besten für den Frühjahrs- und Herbstanbau.

^ Beni Houshi

> Japanese Pink

Pak Choi, Chinesischer Senfkohl

Brassica rapa subsp. *chinensis*

Pak Choi ist ein aus Asien stammendes Kohlgewächs. Die Pflanzen bilden Rosetten aus grünen oder violetten Blättern mit sehr breiten, dicken und fleischigen Blattstielen, die weiß oder hellgrün gefärbt sind.

Pak Choi ist ein Herbst- und Wintergemüse und wird ab Ende Juli gesät. Ende August sollten die Jungpflanzen an ihren Platz gepflanzt werden, wenn sie vorgezogen worden sind und nicht direkt ins Beet gesät wurden. Für Kübel und Balkonkästen besonders geeignet sind extra kleinbleibende Pak-Choi-Sorten.

Pak Choi ist ein besonders schnellwüchsiges Gemüse, 50 bis 70 Tage nach der Aussaat und abhängig von der Sorte sind die Pflanzen voll entwickelt. Allerdings können sie in jeder Größe geerntet werden. Erntezeit ist bis Februar, bevor er ab März zu blühen beginnt.

Pak-Choi-Pflanzen, die bis zur Vollentwicklung im Beet verbleiben sollen, pflanzt man mit einem Abstand von 30 × 30 cm. Eine Ausnahme machen die vielen Dwarf-Sorten oder Pflanzen, die schon früh als junge Pflanzen geerntet werden sollen. Hier reicht ein Pflanzabstand von 15 × 15 cm.

Pak Choi kann über längere Zeit gelagert werden. Feucht eingeschlagen kann er einige Tage überdauern, mit Wurzeln geerntete Pflanzen können in einem kühlen Raum auch bis zu mehreren Wochen gelagert werden.

Gut geschützt kann Pak Choi im Gewächshaus oder unter Vlies einstellige Minusgrade überstehen.

Sorten

Arax: 'Arax' ist eine Pak-Choi-Sorte mit hellgrünen Stielen und dunkelvioletten Blättern.

Baby Pak Choi, Milk White Pak Choi: Ein besonders kleinbleibender Pak Choi, der gut für die Kultur in Kübeln geeignet ist. Die Stängel sind dick und milchweiß, die Blätter dunkelgrün.

Black Wax: 'Black Wax' ist ein besonders kleinbleibender Pak Choi, der gut für die Kultur in Kübeln geeignet ist. Die Stiele sind grün, die Blätter dick und dunkelgrün.

Dwarf Green Stem, Dwarf Shanghai: Ein besonders kleinbleibender Pak Choi, der gut für die Kultur in Kübeln geeignet ist. Die Blätter und Blattstiele sind hellgrün. Diese Sorte bildet schon sehr früh dicke Blattstiele und ist dadurch besonders gut für eine frühe Ernte geeignet.

Extra Dwarf, Hok Du: Extra kleinbleibende und schossfeste Sorte. Die Blattstiele sind dick und weiß, die Blätter dunkelgrün. Die Pflanzen erreichen voll entwickelt eine Höhe von bis zu 10 cm. Die Sorte eignet sich aufgrund ihrer Größe für den Anbau in Kübeln.

Green Stem Shanghai: 'Green Stem Shanghai' ist eine Sorte mit breiten, hellgrünen Blattstielen. Die Blätter sind grün und oval. Voll entwickelt können die Pflanzen eine Höhe von 25 cm erreichen.

Misome: 'Misome' ist ein sehr kleinbleibender Pak Choi, der sich gut für den Anbau in Kübeln eignet. Die Blätter sind dunkelgrün, die Blattstiele besonders breit und hellgrün bis weiß. Diese Sorte ist außerdem hitzeverträglich und kann auch für die Sommerernte angebaut werden.

Purple Lady: 'Purple Lady' ist eine15–20 cm hoch werdende Sorte, deren Pflanzen dunkelviolette Blätter und grüne, breite Blattstiele haben.

Yorokobi: 'Yorokobi' ist eine bauchige, niedrige Sorte mit enganliegenden Blättern. Die Blätter sind hellgrün, die Blattstiele sind hell und sehr breit.

^ Misome

> Pak Choi mit violetten Blättern

Rübstiel, Stielmus

Brassica rapa var. *rapa*

Rübstiel oder Stielmus nennt man die als Gemüse verwendeten Stiele und Blätter verschiedener Speiserüben. Diese werden besonders dicht gesät, sodass sich keine großen Wurzeln ausbilden können, denn diese Rüben werden nur der Blätter wegen angebaut.

Besonders lange Tradition hat dieses Gemüse in den Niederlanden, im Rheinland und in Westfalen. Im kommerziellen Handel ist Stielmus nur selten zu finden, denn die geernteten Pflanzen welken schnell. Für Selbstversorger ist dieses Gemüse aber eine große Bereicherung: eine besonders früh erntebare Kultur mit geringen Ansprüchen und einem hohen Ertrag. Im Gegensatz zu den anderen Kohlarten ist Stielmus ein Schwachzehrer.

Die Aussaat erfolgt von März bis April. In der Reihe wird dicht an dicht gesät, der Abstand der Reihen sollte 20 cm betragen. Durch den geringen Platzbedarf eignet sich Stielmus gut als Lückenfüller zwischen anderen Kulturen. Die Kultur sollte relativ konstant feucht gehalten werden, damit die Stängel nicht fasrig werden.

Nach sechs Wochen sollten die Pflanzen eine Höhe von 15 cm erreicht haben. Dann schneidet man die Blätter so ab, dass die Herzblätter unbeschädigt bleiben, sodass eine weitere Ernte möglich ist. Sät man satzweise alle ein bis zwei Wochen neuen Rübstiel aus, kann permanent über einen langen Zeitraum geerntet werden.

Geschnittener Rübstiel welkt schnell und lässt sich nicht lagern. Bestenfalls wird er am Tag der Ernte verbraucht. Erntet man den Rübstiel mitsamt den Wurzeln, können die in feuchtes Tuch gewickelten Pflanzen wenige Tage an einem kühlen, dunklen Ort gelagert werden.

Tatsoi

Brassica rapa subsp. *chinensis* var. *rosularis*

Tatsoi erinnert mit seinem Aussehen an den nahe verwandten Pak Choi und wird auch Rosetten-Pak-Choi genannt. Tatsoi bildet dichte Blattrosetten mit weißen Blattstielen und dunkelgrünen, löffelförmigen Blättern (Löffelsenf). Die Rosetten können eine Höhe von 20 cm und einen Durchmesser von bis zu 25–30 cm erreichen. Als Pflanzabstand sollte man deshalb mindestens 30 × 30 cm wählen.

Tatsoi ist ein ideales Wintergemüse: Die Pflanzen können Temperaturen von –20 Grad Celsius aushalten und nehmen auch durch Schnee keinen Schaden. Bei niedrigen Temperaturen liegen die Rosetten besonders flach am Boden und können dadurch der Schneelast besser standhalten. Bei höheren Temperaturen stehen die Blätter des Tatsoi aufrechter.

Ab Juli bis in den Oktober können die Pflanzen gesät werden, 40 bis 50 Tage nach der Pflanzung sind die Pflanzen voll entwickelt. Tatsoi kann aber in jeder beliebigen Größe geerntet werden.

Die geernteten Pflanzen können nur einige Tage feucht eingeschlagen an kühlen Orten gelagert werden.

Black Knight: Schnell wachsende Tatsoi-Sorte mit besonders dunklen und stark löffelartigen Blättern.

Brassica rapa

Nutzung der Blütenanlagen, der Knospen

Choi Sum

Brassica rapa var. *parachinensis*

Choi Sum oder Choy Sum wird wegen seiner Blütentriebe und seiner Blätter kultiviert und zeichnet sich durch die auffällig gelben Blüten und fleischigen Stängel aus. Bei dieser Art handelt es sich um eine einjährige Kultur.
Unter Glas kann Choi Sum von März bis Mai gesät werden, im Freiland von März bis Juni. Geerntet werden die Triebe in jeder Entwicklungsstufe oder die Blütentriebe mit Blütenstiel und Blättern, wenn sich die Blütenknospen bilden oder am Aufblühen sind. Schneidet man die Blütentriebe nicht zu tief ab, kann eine Pflanze mehrmals beerntet werden. Auch wenn diese Gemüsekultur bei einer satzweisen Aussaat ganzjährig geerntet werden kann, eignet sie sich am besten für die Frühjahrs- und Herbstpflanzung.

Early Green: Mit 30–40 Tagen Entwicklungszeit ist diese Sorte besonders raschwüchsig. Die Sorte hat große, dunkelgrüne Blätter.

Jung Green: 'Jung Green' ist eine Sorte mit großen, dunkelgrünen Blättern und Blattstielen. Die Sorte ist hitzetolerant und schossfest und eignet sich dadurch nicht nur für den Anbau im Frühjahr und Herbst, sondern auch für den Sommeranbau.

Late Green: Späte Sorte, sehr schossfest. Kann für den ganzjährigen Anbau verwendet werden. Sommer- und Herbstpflanzungen entwickeln dickere Triebe. Die Blätter sind dunkelgrün.

Stängelkohl, Cima di rapa, Broccoletto

Brassica rapa var. *cymosa, Brassica rapa* var. *silvestris*

Cima di Rapa, auch Stängelkohl genannt, ist ein dem Brokkoli ähnelndes Gemüse, das vor allem im Mittelmeerraum kultiviert wird. Die Blütenknospen sind zierlicher als die des Brokkolis, die Stängel und die Blätter des Blütentriebes werden ebenfalls verwendet.

Gesät werden kann Cima di Rapa in Vorkultur ab Februar und ab Mai bis Juni als Direktsaat im Freiland mit einem Pflanzabstand von 30 × 30 cm. Geerntet werden kann bei früher Saat ab Juli und bei einer satzweisen Aussaat bis zum Oktober. Am besten gedeiht der Stängelkohl bei einer Sommeraussaat von Juli bis September.

Der Stängelkohl sollte nach der Ernte schnellstmöglich verarbeitet werden. Feucht eingeschlagen ist der Stängelkohl bei niedrigen Temperaturen einige Tage haltbar.

Sorten

Centoventina: 'Centoventina' ist eine sehr produktive italienische Stängelkohlsorte. Sie ist mit 100–120 Tagen Kulturdauer eine späte Sorte. Die Pflanzen bilden eine große Anzahl kleiner Blütenstände. Die Blätter sind schmal und dunkelgrün.

Leccese Novantina: 'Leccese Novantina' ist eine spätreifende Sorte mit einer Kulturdauer von 90 Tagen. Die Pflanzen bilden große Knospentriebe an sehr kurzen und besonders dicken Stängeln. Diese Sorte ist vor allem für den Herbstanbau geeignet.

Leccese Sessantina Cima Grossa: 'Leccese Sessantina Cima Grossa' ist eine mittelspäte Sorte für den Herbstanbau, die Kulturdauer beträgt 60 Tage. Die Pflanzen sind kräftig und bilden viele Blätter. Die Knospentriebe sind sehr groß, die Stängel sehr dick und kurz.

Noce Cima Rossa: Diese besonders frühe Stängelkohlsorte bildet besonders große Blütenköpfe und viele Blütentriebe. Die Kulturdauer beträgt 50 Tage.

Novantina: 'Novantina' ist eine mittelfrühe Sorte mit 90 Tagen Kulturdauer. Die produktiven Pflanzen bilden besonders viele Blütentriebe. Diese Stängelkohlsorte eignet sich für den Anbau in Frühling, Sommer und Herbst.

Quarantina: 'Quarantina' ist eine ganz besonders frühe Sorte, die schon nach 45 Tagen voll entwickelt ist. Die Pflanzen produzieren eine große Menge an Blütentrieben, die eher klein sind.

Sessantina: Diese frühe Sorte hat eine Kulturdauer von 60 Tagen. 'Sessantina' ist für die Aussaat im Frühling und Sommer geeignet.

Brassica rapa

Nutzung der Köpfe

Chinakohl, Pekingkohl

Brassica rapa subsp. *pekinensis*

Von Juli bis August wird der Chinakohl gesät und 14 Tage später gepflanzt, wenn die Jungpflanzen vorgezogen wurden. Eine Direktsaat ist ebenfalls möglich. Wichtig ist die abnehmende Tageslichtlänge bei Saat und Pflanzung, da die Pflanzen sonst zum Schossen neigen und direkt in Blüte gehen.

Bei der Pflanzung sollten die Abstände je nach Sorte 40 × 40 cm oder 50 × 50 cm betragen. 65 bis 95 Tage nach der Aussaat sind die Pflanzen voll entwickelt.

Wie auch der Pak Choi und der Tatsoi ist der Chinakohl ein Gemüse für die Ernte im Herbst und Winter. Die Haupterntezeit für den Chinakohl sind Oktober und November. Da der Chinakohl Temperaturen bis –10 Grad Celsius verträgt, kann er auch darüber hinaus noch in den Beeten stehen bleiben.

Die Pflanzen bilden feste Köpfe ohne Strunk, die Blattfarbe ist meist hellgrün bis gelblich, die Blattrippen sind weiß. In asiatischen Ländern gibt es auch sehr viele Sorten mit einer offenen oder halb offenen Kopfbildung.

Bei den kopfbildenden Sorten kann man zwischen den beiden Typen Granat und Nagaoka unterscheiden. Die Leitsorte des Granat-Typs ist die Chinakohlsorte 'Granat' und beschreibt Sorten mit einer länglichen Kopfform. Sorten des Nagaoka-Typs haben Köpfe mit einer breiten, gedrungenen Form.

Bei der Ernte werden die losen Umblätter entfernt. Wird der Chinakohl mitsamt dem Wurzelwerk geerntet und an einem kühlen Ort in Zeitung eingeschlagen, so kann er über mehrere Wochen gelagert werden.

Chinakohl ist besonders anfällig für die Kohlhernie, jedoch gibt es mittlerweile Sorten, die sehr widerstandsfähig sind.

Sorten

Akiko: Die Pflanzen der Sorte 'Akiko' bilden hellgrüne, besonders lange Köpfe, die eine Höhe von 50 cm erreichen können. Mit 90 Tagen Entwicklungszeit handelt es sich um eine späte Sorte.

Atsuko: Die Sorte 'Atsuko' bildet kompakte, eher kurze und gedrungene Köpfe mit einem mittleren Kopfgewicht von 1 bis 2 kg. Die Blätter sind hellgrün und leicht gekräuselt. Mit einer Entwicklungszeit von bis zu 95 Tagen ist 'Atsuko' eine späte Sorte.

Bekana: Die Blattchinakohlsorte 'Bekana' zeichnet sich durch wüchsige Pflanzen mit hellgrünen, blasigen Blättern aus, die nur einen sehr losen Kopf bilden. Der Blattchinakohl kann geschützt überwintert werden und dann bis zum Frühling beerntet werden. Einzelne Blätter können ab einer Länge von 20 cm geerntet werden, alternativ der lose Kopf der voll entwickelten Pflanze.

Bilko F1: 'Bilko F1' ist eine sehr ertragreiche Hybridsorte mit hellgrünen Blättern und festen, kurzen Köpfen. Diese Sorte ist sehr widerstandsfähig gegenüber der Kohlhernie. Die Köpfe haben ein mittleres Kopfgewicht von 1 bis 1,6 kg. Unter kühlen Bedingungen können sie bis zu acht Wochen gelagert werden.

Granat: 'Granat' ist eine mittelfrühe Chinakohlsorte für den Herbstanbau. Die Köpfe sind 30–40 cm hoch und schlank. Die Blätter sind fest und dunkelgrün mit krausen Blatträndern.

Hiromi: 'Hiromi' ist eine Sorte mit fest geschlossenen, ovalen Köpfen. Das mittlere Kopfgewicht beträgt 1,2 kg. Mit 60–70 Tagen Kulturdauer ist es eine frühere Sorte.

Kaito: Die Sorte ist besonders schossfest und bildet bis zu 30 cm lange Köpfe, die bis zu 2 kg schwer werden. Die Blätter sind dunkelgrün und stark gekräuselt. Mit 90 Tagen Entwicklungszeit eine späte Sorte.

Nagaoka: 'Nagaoka' ist eine Chinakohlsorte für den Herbstanbau. Die Köpfe sind sehr kurz und breit. Die Blätter sind grün und dicht, die Blattnerven weiß und breit.

Scarvita F1: 'Scarvita F1' ist eine Hybridsorte. Die Pflanzen bilden große Köpfe mit violett-grünen Außenblättern und violett-rosa Innenblättern. Die Blattadern sind breit und weiß. Die Köpfe haben ein mittleres Kopfgewicht von 0,8 bis 1 kg. Sie können kühl bis zu acht Wochen gelagert werden.

^ Bekana

Brassica rapa

Nutzung von Wurzel und Hypokotyl

Speiserübe, Stoppelrübe, Wasserrübe, Mairübe, Herbstrübe

Brassica rapa var. *rapa*

Die Rüben entwickeln sich aus der Wurzel und dem Hypokotyl. Grundsätzlich unterscheidet man zwischen schossfesten Sorten für den Anbau im Frühjahr und besonders gut lagerfähigen Sorten für die Aussaat im Sommer. Vor allem die neueren Sorten sind darauf gezüchtet worden, dass sie ganzjährig angebaut werden können. Für die Sommerernte werden die Rüben von März bis April gesät und ab Mai geerntet, daher der Name Mairübe. Für die Ernte im September und Oktober werden die Herbstrüben ab Juli bzw. Mitte August gesät.

Gesät werden die Rüben in Reihen mit einem Abstand von 20 bis 30 cm. In der Reihe kann dicht gesät werden, beim Vereinzeln der Rüben kann man die gezogenen Rübchen gleich verwenden.

< Mairübchen, beim Vereinzeln gezogen

Sorten

Blanc dur d'hiver: Diese Herbstrübensorte bildet kleine bis mittelgroße, weiße Rüben. Die Rüben können den Winter über im Beet stehen, wenn sie bei starken Frösten abgedeckt werden.

Blanc globe à collet violet: Diese weiße, runde Mairübe hat violette Schultern. Sie ist schnellwüchsig und schossfest und dadurch für den ganzjährigen Anbau geeignet. Die Sorte zeichnet sich durch gute Lagereigenschaften aus.

Di Milano a colletto viola: Diese schnellwüchsige Sorte ist für die Frühjahrs- und Herbstkultur geeignet. Die Rüben sind flachrund und weiß mit violettem Kragen und erreichen einen Durchmesser von 6 bis 8 cm.

Golden Ball: 'Golden Ball' ist eine Sorte mit orange-gelben, runden Rüben für die Kultur im Frühjahr und Herbst. Die Sorte ist schossfest und hat eine kurze Entwicklungszeit. Die Rüben haben eine gute Lagerfähigkeit.

Jaune Boule d'Or: Diese Sorte bildet runde, gelbe Rüben mit einem Durchmesser von bis zu 6 cm. Die Sorte ist ertragreich, die Rüben sind schossfest und platzfest.

Petrowski: Eine gelbe, flache Rübe für den ganzjährigen Anbau mit bester Eignung für die Herbstkultur. Die Rüben haben eine gute Lagerfähigkeit.

Platte Witte Mei: Eine sehr frühe niederländische Sorte, die plattrunde, weiße Rüben mit leicht grünen Schultern bildet. Sie ist sehr schoss- und platzfest, dadurch kann sie ganzjährig angebaut werden. Durch ihre kurze Entwicklungszeit von nur neun Wochen eignet sie sich gut als Vor- oder Nachkultur.

Purple Top Milan: Eine schnell wachsende Sorte mit kurzer Entwicklungszeit. Die flachrunden Rübchen sind weiß mit roter bis violetter Schulter.

^ Blanc globe à collet violet

> Golden Ball

> > Snowball

Snowball: Die Sorte 'Snowball' produziert weiße, kugelrunde Mairüben mit einem Durchmesser von bis zu 8 cm. Die Pflanzen sind schnellwüchsig und ertragreich.

Teltower Rübchen: Die 'Teltower Rübchen' sind eine über 300 Jahre alte, brandenburgische Sorte, deren historische Anbaufläche die eher nährstoffarmen, lehmigen Sandböden im Teltow in Brandenburg waren. In anderen Böden und unter anderen Klimabedingungen entwickelt sich nicht der charakteristische Geschmack.
Ihr Erhalt ist wenigen Gärtnern zu verdanken, die sie weiterhin anbauten, als sich der arbeitsintensive Anbau in der DDR durch die Bildung großer, maschinell bearbeiteter Ackerschläge nicht mehr lohnte.
Gesät werden die 'Teltower Rübchen' erst im August, sie können ab Oktober bis zum März geerntet werden und sind frostfest.
Erntereif sind die 'Teltower Rübchen' bei einem Durchmesser von nur 2–4 cm. 'Teltower Rübchen' erkennt man leicht an folgenden Merkmalen: Die Rüben sind kegelförmig und von schlanker Gestalt, grau- bis braunstichig weiß, aber nie gelb. Sie haben eine auffällige Querstreifung und feine Nebenwurzeln in zwei Längsstreifen.

Ulmer Ochsenhörner: 'Ulmer Ochsenhörner' ist eine Sorte, die vermutlich um 1900 in Oberschwaben entstanden ist. Die Rüben sind violett-weiß, lang und leicht gebogen. Diese Sorte ist sehr schnellwüchsig und kann gut gelagert werden.

Kohl lagern

Oft hat man im Herbst, vor den ersten Frösten, eine besonders große Ernte von den Kohlarten, welche Temperaturen unter dem Gefrierpunkt nicht überstehen. Kohlrabi, Kohlrübe, Rot- und Weißkohl zum Beispiel. Um nicht alles auf einmal verarbeiten zu müssen, aber auch um im Winter auf eigenes Gemüse zurückgreifen zu können, lohnt es sich sehr, den Kohl einzulagern.

Erdmiete, Einschlag

Besonders gut lässt sich Wurzelgemüse, aber auch Kohlrabi, in Mieten lagern. Mieten werden bestenfalls an einem geschützten und auch im Winter gut zugänglichen, trockenen und schattigen Platz angelegt. Richtig angelegte Erdmieten schützen im Winter vor leichtem Frost und im Sommer vor hohen Temperaturen.

Für den Bau von Erdmieten gibt es unterschiedlichste Varianten. Holzkisten, Baukübel oder auch Waschmaschinentrommeln lassen sich leicht zur Erdmiete umfunktionieren.

Dafür werden die Behälter vor dem Eingraben mit Luftlöchern versehen, sofern sie nicht wie Waschmaschinentrommeln schon welche haben. Rund um die Gefäße sollte mit Stroh oder Laub eine isolierende Schicht angelegt werden, die zusätzlich einen Luftaustausch ermöglicht. Der Deckel nach oben hin sollte mäusesicher und wasserdicht sein. Um Kohl- und Stoppelrüben einlagern zu können, müssen die Rüben unbeschädigt geerntet werden. Auch sollten sie nach der Ernte nicht gewaschen werden. Die Blätter dreht man mit der Hand vorsichtig ab, dabei dürfen die Herzblätter jedoch nicht beschädigt werden. In die Miete wird eine Schicht angefeuchteter Sand gefüllt, auf den Sand werden die Rüben gelegt, die sich dabei nicht berühren sollen. Die nächste Sandschicht sollte die eingelagerten Kulturen vollständig bedecken. Diese Schichtung wird so oft wiederholt, bis die Miete gefüllt ist. Die letzte Schicht muss eine Sandschicht sein. Alternativ zum Sand kann eine Mischung aus angefeuchteten Sägespänen und Kokosfasern genutzt werden.

Bei dem verwendeten Sand sollte es sich nicht um kalkhaltigen Bausand handeln.

< Kohlrabi 'Azur Star'

Kopfkohl-Überwinterung

Für das Einlagern von Kohlköpfen eignen sich nur unversehrte, geschlossene Köpfe. Kohlköpfe mit Rissen oder anderen potenziellen Eintrittsstellen für Pilze und Bakterien sollten schnell verarbeitet werden. Die Kohlköpfe werden mit den Wurzeln geerntet, die Umblätter werden nicht entfernt. Geerntet werden sollte der Kohl nach einer Schönwetterperiode, damit die Kohlpflanzen bei der Ernte abgetrocknet sind. Die Kohlpflanzen werden auf einer Schicht Stroh kopfüber mit den Wurzeln nach oben aufgestellt oder aufgehängt. Auch Kohlköpfe mit kurzem Strunk können so gelagert werden. Es ist darauf zu achten, dass die Strunkenden nicht auf dem Boden stehen, sondern in die Luft ragen und von zirkulierender Luft umgeben sind, um die Schimmelbildung weitestgehend auszuschließen. Die Kohlköpfe können auch mit einem Bindfaden um den Strunk kopfüber an die Decke gehängt werden.

Damit das Gemüse während der Lagerung kein Wasser verliert und dadurch welkt, sollte die Luftfeuchtigkeit im Lagerraum mindestens 80 Prozent betragen. Konstante Temperaturen knapp unter 10 Grad Celsius sind optimal.

Kohl sollte nicht in der Nähe von Äpfeln, Birnen und anderem Obst gelagert werden, da diese das Reifegas Ethylen verströmen und dadurch das Gemüse schnell überreif werden ließen.

Wie man Kohl vermehrt

Die Vermehrung der meisten Kohlkulturen im eigenen Hausgarten ist mit etwas Aufwand durchaus machbar. Durch die großen Saatgutmengen, die man nach einer gelungenen Vermehrung zur Verfügung hat und weil das Saatgut einige Jahre keimfähig bleibt, lohnt sich die Vermehrung für Haus- und Kleingärtner vor allem bei den sehr leicht zu überwinternden Kulturen wie Grünkohl, Schnittkohl und Brauner Senf oder bei einjährigen Kulturen wie Mizuna.

Der schwierigste Teil bei der Vermehrung von Kohl ist die Überwinterung der Pflanzen bei zweijährigen Kohlarten. Ein weiterer Faktor ist der für die Vermehrung benötigte Platz: Denn für die Vermehrung müssen möglichst viele Pflanzen einer Sorte angebaut werden, von denen dann wiederum mindestens 15 besonders sortentypische Exemplare mit den besten Eigenschaften für die Saatgutproduktion ausgewählt werden.

Dabei muss bedacht werden, dass während der Überwinterung immer auch Exemplare verfaulen können und man für diesen Fall immer eine Reserve einplanen sollte.

Kohl bedarf als Fremdbestäuber unbedingt der Pollenübertragung durch Insekten, vor allem durch Bienen, aber auch Fliegen. Um eine Kreuzung verschiedener Kohlsorten zu verhindern, müssen bestimmte Isolationsabstände eingehalten werden oder es kann nur eine Art pro Jahr vermehrt werden.

Die Samen der verschiedenen Kohlarten entwickeln sich in Schoten, die nicht gleichzeitig, sondern zeitversetzt abreifen. Die großen Samenstände sollten an Stützstäben festgebunden werden, da sie sonst leicht umknicken können.

Damit sich die reifen Samenschoten nicht schon im Beet öffnen, erntet man die Samenstände kurz vor der Vollreife und lässt sie dann nachreifen. Dafür werden die geernteten Samenstände in Stoff verpackt an einem warmen und trockenen Ort aufgehängt. Sie dürfen nicht nass werden oder dem direkten Sonnenlicht ausgesetzt sein.

Wenn die Samenkörner in den Schoten rasseln und sich die Schoten leicht öffnen lassen, können die Samen gedroschen werden. Nach dem Dreschen muss die Spreu abgesiebt oder weggepustet werden. Nicht voll entwickelte, kleine verkümmerte Samen sollten ebenfalls aussortiert werden.

Die Keimfähigkeit des Saatguts der verschiedenen Kohlarten nimmt nach fünf Jahren ab.

Brassica oleracea

Ewiger Kohl

Da der Ewige Kohl keine Samen bildet, wird er über Stecklinge vermehrt. Im Frühjahr oder Sommer werden ca. 10 cm lange Triebstecklinge geschnitten. Die untere Hälfte wird entblättert und in feuchte Erde gesteckt. Die angewurzelten Stecklinge sollten in den ersten Wintern noch geschützt werden. Auch die Vermehrung über Ableger ist möglich. Dazu müssen auf dem Boden liegende Zweige mit etwas Erde bedeckt werden. Diese Triebe bilden dann ebenfalls Wurzeln und können dann von der Mutterpflanze abgetrennt und umgepflanzt werden.

Grünkohl, Palmkohl, Markstammkohl

Für die Vermehrung dieser Kohlarten sollte man mindesten 15 sortentypische und besonders frostfeste Pflanzen abblühen lassen. Während

Grünkohl und Markstammkohl zumeist den Winter ganz ohne Schutz problemlos überstehen, bietet es sich bei Zierkohl an, ihn in Töpfen zu kultivieren und in geschützte Räume zu bringen.
Wenn man Zierkohl vermehren möchte, sollte man darauf achten, keine Hybridsorten zu verwenden (siehe «Hybridsorten», Seite 186). Palmkohl übersteht nur milde Winter ohne zusätzlichen Schutz.

Blumenkohl

Die Vermehrung von Blumenkohl im Hausgarten ist besonders anspruchsvoll, obwohl der Blumenkohl schon im ersten Jahr blüht und nicht überwintert werden muss. Denn die Blumenkohlsamenstände können nur bei besonders früher Aussaat im Dezember sicher ausreifen. Wenn die Pflanzen ihre Blumen entwickelt haben, sollten sie vor Regen geschützt werden. In die Blume eindringende Nässe ist ein Auslöser für Schimmelbildung. Ein weiterer Faktor, der die Vermehrung im Hausgarten schwierig macht, ist der große Bestand, aus dem die 15 Vermehrungspflanzen ausgewählt werden müssen. Dabei sollte es sich um eine Anzahl von 50 bis 60 Pflanzen handeln.

Brokkoli

Sommerbrokkoli muss für die Vermehrung möglichst früh gesät werden, damit die Samen noch vor dem Herbst ausreifen. Winterbrokkoli wird im Sommer gesät und blüht erst nach dem Winter, diese Pflanzen müssen gegebenenfalls geschützt werden. Für die Saatgutproduktion lässt man 15 sortentypische Pflanzen gleichzeitig abblühen. Bei Sommerbrokkoli sollte man Pflanzen mit besonders großen Einzelblumen wählen, bei Winterbrokkoli und Sprossenbrokkoli werden Pflanzen mit vielen Blumen und einer guten Kältetoleranz gewählt. Bei beiden sollte das Knospenstadium besonders lange anhalten.

Rotkohl, Weißkohl, Wirsing, Butterkohl

Für die Saatgutproduktion der verschiedenen Kopfkohlarten werden ebenfalls mindestens 15 sortentypisch ausgeprägte Pflanzen benötigt. Kopfkohlarten sind zweijährig, das heißt, im ersten Jahr bilden sie die Köpfe und erst im zweiten Jahr Blütenstände und Samen. Die Kohlköpfe müssen zudem überwintert werden, da die ausgebildeten Köpfe je nach Sorte nicht sehr frostfest sind. Winterwirsing und Butterkohl eignen sich für die Überwinterung im Freien, die Herbstsorten müssen aber ebenfalls unter geschützten Bedingungen überwintert werden. Für die Überwinterung dürfen die Kohlköpfe keinesfalls zu groß oder gar rissig werden. Vor allem die Frühsorten dürfen deswegen nicht zu früh gesät werden, optimalerweise erst Mitte Juni.
Sowohl die Triebe der Blattachseln als auch der Haupttrieb bilden Blüten aus. Die Samen des Haupttriebs sind jedoch die keimfähigsten. Der Kohlkopf sollte Anfang des Jahres kreuzförmig 3–4 cm tief eingeschnitten werden, ohne dabei die Spitze des Haupttriebs zu verletzen. Dadurch gibt der Kohlkopf unter dem Druck des nach oben wachsenden Triebs eher nach und der für die Saatgutgewinnung besonders wichtige Haupttrieb kann sich schneller und besser entwickeln.

Rosenkohl

Herbstrosenkohl ist nicht so winterfest wie Winterrosenkohl. Deswegen muss der Herbstrosenkohl frostfrei überwintert oder mit einem Winterschutz versehen werden. Auch bei der Rosenkohl-Saatgutproduktion sollte man auf 15 Elternpflanzen zurückgreifen. Für die Samenproduktion sind die Röschen im mittigen Drittel des Strunks am wertvollsten. Die Triebspitze kann gekappt werden. Bei Herbstrosenkohl, der ausgegraben überwintert wurde, müssen die Pflanzen dazu jedoch erst gut neu angewachsen sein.

Kohlrabi
Um Kohlrabi zu vermehren, sollte er im Sommer gesät werden. Bei zu früher Aussaat lassen sich die Knollen schlechter über den Winter bringen. Als zukünftige Samenträger wählt man aus mindestens 30 besonders vermehrungswürdigen Knollen die besten 15 Pflanzen aus.

Brassica napus

Während Schnittkohl schon im ersten Jahr blüht, ist die Kohlrübe eine zweijährige Kultur.
Beim **Schnittkohl** lässt man 15 sortentypische Pflanzen, die besonders spät in Blüte gehen, zusammen abblühen.
Bei den **Kohlrüben** verwendet man ebenfalls 15 sortentypische Pflanzen. Man wählt Rüben, die die Überwinterung besonders gut überstanden haben. Die Rüben werden im Frühjahr wieder ausgepflanzt. Die Blütentriebe sollten mit Stäben gestützt werden.

Brassica juncea

Der Braune Senf bildet im ersten Jahr Blüten. Für die Vermehrung sollte man möglichst viele, aber mindestens 15 sortentypisch entwickelte Pflanzen zusammen abblühen lassen.

Brassica rapa

Stielmus und Mizuna
Stielmus und Mizuna bilden schon im ersten Jahr Blüten. Die Pflanzen, die man zur Saatgutproduktion verwendet, sollten nicht nur sortentypisch entwickelt sein, sondern auch besonders spät anfangen zu blühen. Indem man die am spätesten blühenden Individuen vermehrt, kann man sicher gehen, dass auch die nächste Generation ein langes Erntefenster hat. Besonders früh blühende Pflanzen sollte man deshalb nur zur Vermehrung nutzen, wenn eine frühe Blüte tatsächlich erwünscht ist.

Pak Choi
Pak Choi wird als zweijährige Pflanze kultiviert, wenn man das Saatgut ernten will. Die Pflanzen können mit Schutz (Frühbeet oder Ähnliches) im Freien überwintert werden. In Töpfen stehende Pflanzen können im Winter ganz einfach an geschützte Orte verbracht werden. Im nächsten Frühjahr können die mindestens 15 sortentypisch entwickelten Pflanzen ausgepflanzt werden.

Stängelkohl

Stängelkohl wird ebenfalls einjährig vermehrt. Als Elternpflanzen sollte man solche wählen, die über eine besonders lange Zeit mit ungeöffneten Knospen verharren und dadurch besonders lange beerntet werden können.

Chinakohl

Um Chinakohl zu vermehren, werden mindestens zehn sortentypisch entwickelte Pflanzen benötigt. Die überwinterten Köpfe werden im nächsten Frühjahr wieder ausgepflanzt. Wenn sich die großen Blütenstände gebildet haben, kann es notwendig sein, sie mit Stäben zu stützen.

Wasserrüben

Um Wasserrüben selbst zu vermehren, braucht man circa 15 besonders sortentypische und gesunde Rüben. Die Rüben werden im Sommer angebaut, im Herbst geerntet und frostfrei überwintert. Im Frühling werden sie wieder ausgepflanzt. Damit die Pflanzen genügend Standfestigkeit erreichen, um die großen Blütenstände zu halten, sollte man sie tief genug einpflanzen, sodass nur noch ein Drittel der Rübe aus der Erde schaut. Die Blütentriebe sollten mit Stäben gestützt werden.

v Brokkoli-Samen

demeter
Hofsorten & Raritäten
unser Beitrag zur Vielfalt in Garten und Landwirtschaft
Schnitt-/ Scher - Kohl
Brassica napus subsp. napus var. pabularia
Russian Frills
Kokopelli
CHOU FRISÉ / KALE
"Lacinato Rainbow"
C'est une variété évolutive qui ajoute un peu de couleur au "Chou Palmier". Sa tige droite se termine par de longues feuilles cloquées aux magnifiques teintes vertes et violettes au niveau des nervures.
REIN SAAT
Saatgut aus biologisch-dynamischem und organisch biologischem Anbau
Kokopelli
CHOU FRISÉ / KALE
"Beurré de Jalhay"
"Beurre Blond"
Cette variété ancienne non pommée produit de très grandes feuilles de couleur vert clair à l'aspect ondulé et gaufré. Elles offrent une texture très tendre ainsi qu'une agréable saveur.
Sachet de 300 graines
Semences issues de l'Agriculture Biologique
WWW.KOKOPELLI-SEMENCES.FR
CHOU FRISÉ / KAL
"Caulet Champion"

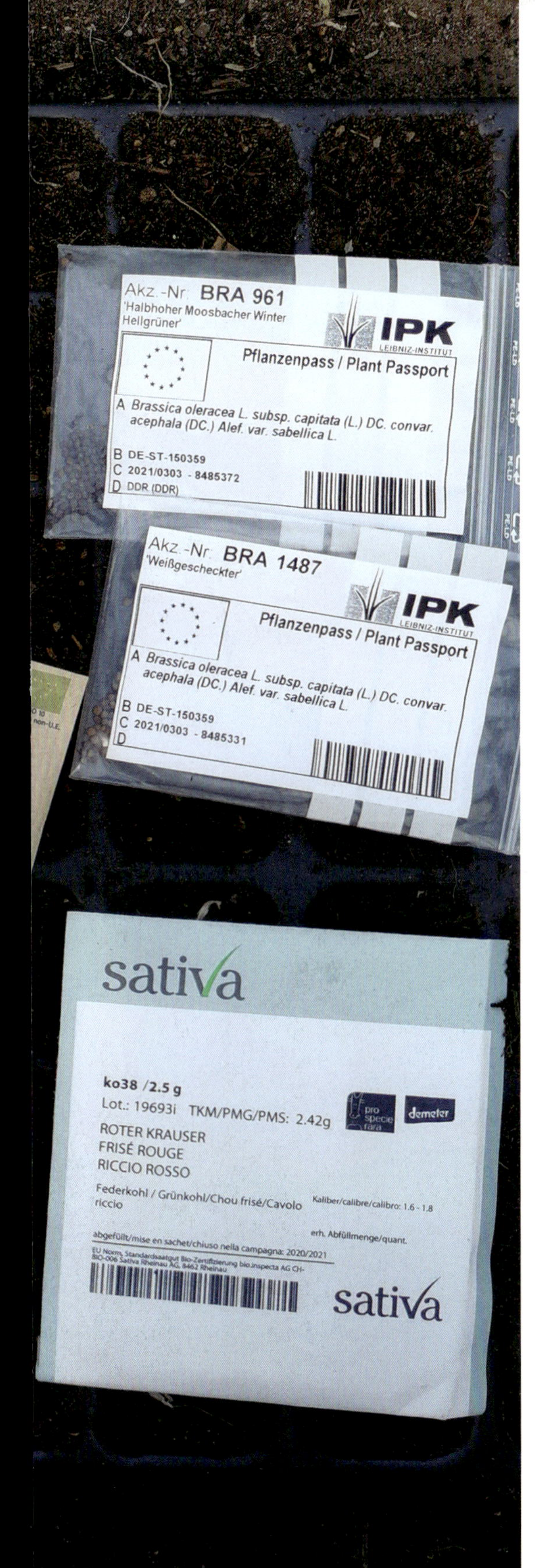

Die Wahl des richtigen Saatguts

Samenfeste Sorten

Samenfeste Sorten wurden durch Kreuzung und Selektion auf die gewünschten Merkmale hin über mehrere Generationen gezüchtet. Ihre Sorteneigenschaften geben sie kontinuierlich an die nächste Generation weiter, sie sind also nachbauwürdig. Das Saatgut von samenfesten Sorten kann im eigenen Garten gewonnen werden und im nächsten Jahr wieder angebaut werden. Wenn man seine Kohlsorten zukünftig selbst vermehren möchte, muss man darauf achten, Saatgut von samenfesten Sorten zu verwenden.

Hybridsorten

Hybridsorten entstehen durch das Kreuzen zweier nahezu homozygoter Inzuchtlinien. Eine Inzuchtlinie ist eine fast reinerbige (homozygote) Nachkommenschaft einer Pflanze, die durch Inzucht entstanden ist. Die Inzuchtlinien sind stark auf bestimmte, gewünschte Eigenschaften selektiert, ihre Fruchtbarkeit ist jedoch oftmals vermindert. Durch die Kreuzung dieser Inzuchtlinien entsteht eine mischerbige (heterozygote) Tochtergeneration. Diese Hybride besitzt die gewünschten Eigenschaften der Eltern und ist zusätzlich ertragreicher, vitaler, größer und widerstandsfähiger (Heterosiseffekt). Die Hybriden (auch F1-Sorten genannt und an der Abkürzung «F1» auf der Saatguttüte zu erkennen) sind nicht nachbaufähig. Einige Hybriden sind unfruchtbar und dadurch nicht vermehrungsfähig. Bei fruchtbaren Hybriden werden die Eigenschaften der Sorte nicht an die nächste Generation weitergegeben, denn die nächste Generation spaltet sich in ihren Eigenschaften in verschiedene Formen auf und die Sorteneigenschaften ändern sich abrupt. Möchte man eine Hybridsorte dauerhaft im Garten anbauen, müssen die Samen also immer wieder neu gekauft werden.

Saatgutbezugsquellen für verschiedene Kohlsorten

Allen, die nun Saatgut bestellen wollen, möchte ich meine Lieblings-Saatgutbezugsquellen vorstellen. Viele der in diesem Buch beschriebenen Sorten gibt es bei einem der Anbieter. Und auch über die *Brassicas* hinaus gibt es viele spannende Sorten zu entdecken.

Arche Noah: Arche Noah ist ein österreichischer, gemeinnütziger Verein. Gegründet wurde er 1989. Ziel des Vereins sind die Verbreitung und der Erhalt von vom Aussterben bedrohten Kulturpflanzen. Das Saatgutarchiv umfasst fast 6000 Kulturpflanzensorten. Das gesamte Sortiment ist bio-zertifiziert.
www.arche-noah.at

Bingenheimer Saatgut AG: Die Bingenheimer Saatgut AG wurde 2001 gegründet und bietet 500 samenfeste Sorten, 100 davon aus biodynamischer und ökologischer Neuzüchtung, für den (Öko-)Erwerbsgartenbau und den Hobbygarten an. Die Bio-Samen sind nach Demeter, Bioland oder EU-Öko-Verordnung zertifiziert.
www.bingenheimersaatgut.de

Dreschflegel e. V.: Dreschflegel e. V. ist ein 2000 gegründeter gemeinnütziger Verein. Zu seinen Zielen gehören die Erhaltung, Förderung und Verbreitung der Kulturpflanzenvielfalt. Besonders alte oder vernachlässigte regionale Arten und Sorten oder jene, die besonders für die Selbstversorgung und den biologischen Kleingarten geeignet sind. Auch die züchterische Bearbeitung von Sorten im Sinne einer langjährigen biologischen Sortenentwicklung spielt eine Rolle. Das Saatgut ist nach EU-Öko-Verordnung bio-zertifiziert.
www.dreschflegel-saatgut.de

Genbank Gatersleben: Die bundeszentrale Ex-situ-Genbank mit einem Bestand von 151 348 Akzessionen zählt zu den weltweit größten Sammlungen. Der größte Teil der Sammlung lagert am Standort Gatersleben in speziellen Kühlräumen bei –18 Grad Celsius, die Keimfähigkeit bleibt so über mehrere Jahrzehnte erhalten. Die Genbank des IPK Gatersleben ist kein kommerzieller Lieferant von Saat- oder Pflanzgut. Es werden aber gebührenpflichtig Kleinstmengen an Saat- und Pflanzgut abgegeben. Hier gibt es eine unglaublich große Auswahl an Sorten und Herkünften, die meistens aber nicht weiter beschrieben oder bebildert sind, sondern nur durch einen Sortennamen angegeben sind.
www.ipk-gatersleben.de

Kokopelli Sementis: Kokopelli Sementis ist ein 1999 gegründeter französischer Verein, der sich unter anderem für den Erhalt und die Weitergabe von lizenzfreiem und reproduzierbarem Saatgut einsetzt. Das Sortiment umfasst 1400–2000 Sorten. Neben vielen historischen gibt es auch neue Sorten bekannter Züchter wie Frank Morton, Alan Kapuler oder Tom Wagner.
https://kokopelli-semences.fr

ProSpecieRara: ProSpecieRara ist eine Schweizer Stiftung, die 1982 gegründet wurde mit dem Ziel, gefährdete Nutztierrassen und Kulturpflanzen vor dem Aussterben zu schützen. Sie engagiert sich für die Erhaltung und Nutzung von 1400 Garten- und Ackerpflanzen, 500 Beerensorten, 1900 Obstsorten, 800 Zierpflanzensorten und 32 Nutztierrassen. Viele Sorten werden durch ein großes Netzwerk von ehrenamtlichen Privatpersonen vermehrt und erhalten. Mit dem ProSpecieRara-Gütesiegel zeichnet diese Stiftung Betriebe und Einzelpersonen aus, die gefährdete Kulturpflanzen und Nutztierrassen aktiv fördern.
www.prospecierara.ch
www.prospecierara.de

ReinSaat: ReinSaat ist ein österreichisches Unternehmen, das seit der Gründung 1998 ein umfangreiches Sortiment an verschiedenen Sorten für den Erwerbsgartenbau und für den Hausgarten anbietet. Ein besonderer Schwerpunkt liegt in der Entwicklung von regional angepassten, samenfesten Sorten. ReinSaat und die über 30 Vermehrungsbetriebe sind bio- und Demeter-zertifiziert.
www.reinsaat.at

Sativa Rheinau: Seit 1998 setzt sich Sativa für die eigenständige und gentechnikfreie Saatgutversorgung des biologischen Land- und Gartenbaus ein. Zu den Zielen gehören die biodynamische Neuzüchtung, der Erhalt von Gemüsesorten, die Saatgutvermehrung und der Handel von Getreide- und Gemüsesaatgut. Das Saatgut ist ausschließlich bio-zertifiziert.
www.sativa.bio/de_ch/

VEN – Verein zur Erhaltung der Nutzpflanzenvielfalt: Dieser Verein wurde 1986 gegründet. Sein Ziel ist es, Kulturpflanzen vor dem Verschwinden zu bewahren. Über 4000 Sorten wurden seit der Gründung des Vereins gesammelt und kultiviert und der Allgemeinheit zur Verfügung gestellt. Über die Erhalterringe des VEN können sich engagierte und interessierte Gärtnerinnen und Gärtner am Erhalt historischer Sorten beteiligen.
www.nutzpflanzenvielfalt.de

VERN e. V.: Der Verein zur Erhaltung und Rekultivierung von Nutzpflanzen wurde 1996 mit dem Ziel gegründet, die Kulturpflanzenvielfalt zu erhalten, sie allgemein und einfach zugänglich zu halten und das Wissen über den Anbau, die Nutzung sowie die Kultur- und Züchtungsgeschichte zu bewahren.
https://vern.de

Anhang

Bildnachweis

Alle unten nicht aufgeführten Fotos stammen von **Anna Weißig**.

AdobeStock waldenstroem 19 / focus finder 30 oben / Tomasz 35 links oben, 36 links unten, 36 rechts (beide), 37 rechts oben, 40 rechts (beide) / Gabriela Bertolini 41 Mitte / Antje Lindert-Rottke 57 unten / iryna_l 67 oben / William Richardson 80 / Paul Maguire 87 unten / Appleyayee 88 / RukiMedia 111 links / fotomarekka 112 / Brebca 114 / Marc 118 rechts / Andrew 124 rechts / Jean-Marie Polese 138 / Ewa 142 links / Miyuki Satake 148 / 151 oben / Juliedeshaies 152 / Sally 155 rechts / 158 / Romanadr 162 / Swetlana Wall 166 / HVPM Dev 172 / guitou60 173 links / Pictures news 173 rechts

Album Benary, 1876, vol. 1 (U.S. Department of Agriculture, National Agricultural Library, archive.org, CAT10921374001) 68

Blickwinkel / M. Kuehn 126

Whitney Cranshaw, Colorado State University, Bugwood.org, CC-BY-3.0 35 rechts unten, 39 links unten, 40 links oben

Susan Ellis, USDA APHIS PPQ, Bugwood.org, CC-BY-3.0 37 oben links

ETH-Bibliothek Zürich, Bildarchiv / Fotograf: Siegfried Keller, CC-BY-SA-4.0 35 rechts oben, 36 links oben, 39 links oben

Flickr, PD: Scot Nelson 41 unten, 42 oben links / Valleybrook Gardens 115 beide; **CC-BY-2.0:** Donald Hobern 35 links unten / Sue Luxton 37 rechts unten / Patrick Clement 38 links (Raupe) / Ilia Ustyantsev 38 links (Falter) / Andy Roberts 48 / Mark Levisay 60 rechts / Oregan State University, Jim Myers 87 oben / Craig Dietrich 183

iStock Tomasz Klejdysz 42 unten / peuceta 165 oben

Okapia / imageBROKER Frederik 62 / Jürgen Pfeiffer 110 links

Shutterstock Parilov 41 oben / Peter Turner Photography 55 rechts, 59, 85, 136, 145 beide / Digihelion 116 / John R Martin 118 links / Ken Schulze 144 links / Jacqui Martin 155 links / Alice Eden 156 / lzf 160 / Rebeca G. Sendroiu 165 unten / Sorawit8888 169 / welzevoul 177 links / AnkaFed 177 rechts / Lam Van Linh 178 / 179

Wikimedia Commons, PD: Darkmadore 39 rechts (Falter); **CC-BY-SA-3.0:** Rasbak 37 oben Mitte, 38 ganz rechts, 43, 61 rechts / Aleksandrs Balodis 42 oben rechts / FarceRéjeane 51 oben / Sapturnus 51 unten / Goldlocki 147 oben; **CC-BY-SA-4.0:** Salicyna 60 links

Register